# サブスクリプションシフト

## DX時代の最強のビジネス戦略

# SUBSCRIPTION SHIFT

株式会社チームスピリット創業者
荻島 浩司

## サブスクリプション シフト

SUBSCRIPTION SHIFT

CONTENTS

CONTENTS

## 第5章 DX時代の生産性の方程式 129

## おわりに　231

# はじめに

# ＤＸによる激変の時代を、チャンスに変えるために

今この時代、私たちは大きな変革期をむかえつつあります。それは産業や社会のさまざまな分野で進行するデジタルトランスフォーメーション（ＤＸ：Digital Transformation）の波によるものです。そしてこのＤＸの時代を牽引するのが、本書のテーマであるサブスクリプションのビジネスです。

ＤＸとは、何でしょうか？

経済産業省の定義では、「企業がビジネス環境の激しい変化に対応し、データとデジタル技術を活用して、顧客や社会のニーズを基に、製品やサービス、ビジネスモデルを変革するとともに、業務そのものや、組織、プロセス、企業文化・風土を変革し、競争上の優位性を確立すること」とあります。文書や手続きなどの一般的な業務のＩ

T化からさらに進んで、ビジネスのあらゆる分野をIT化して業務を変革することだといえます。

しかし、こう言われてもなかなかピンとこないのではないでしょうか？

なぜなら、私たちはすでに「インターネット革命」「IT革命」という言葉と時代の変化を体験しており、既視感をもっているからです。

ここで強調したいことは、「DX」は、単なる「デジタル化（デジタイズ）」ではないということ。手書きの文書がワープロ化され、アナログレコードがCD化され、インターネット配信されるといった単なる媒体やモノの変化ではないということです。

出版産業であれば、手書きの原稿のレイアウトやデザインがDTPになること、そこからさらに進んで、電子書籍やインターネットによる書籍販売を行うことがデジタイズであるとすれば、DXとは、出版というビジネスが新たなメディア産業、あるいはまったく新しい産業として変化することといえます。

ＤＸは、これまでのＩＴやインターネット産業の世界にとどまらずに、全産業に影響を及ぼし、私たちの生活や社会のあり方そのものも変えていきます。産業においては、金融、製造、流通・小売り、交通、医療、そして都市やエネルギーなどの社会基盤のあり方までが、「再定義」されることになります。

では、このようなＤＸの時代のビジネスやＤＸが世の中に与える衝撃を私たちはどこまで構想することができるでしょうか？

未来を予測することはできません。しかし、過去を振り返ることで変化のイメージを持つことは可能です。

ここで平成という時代を振り返ってみましょう。平成元年にはインターネットはまだ普及していませんでした。Ｗｉｎｄｏｗｓ95の発売が平成7年なので、平成元年はその7年前。その時代に日本企業は世界の中で圧倒的な存在感を示していました。ところが、その後の低迷と閉塞は御存知の通りです。パソコンやマルチメディアで世の中は大きく変わるだろうという予測はありましたが、その時代に、今日のGAFA（グーグル、アマゾン、フェイスブック、アップル）などプラットフォーマーと呼ばれる企業の台頭は予測できませんでした。

さらにこれからの10年に起きる変化は、平成の30年間の変化を上回るものになると想像できます。ビジネスにおいてはAIやIoTそして5G通信といったデジタル技術によって生み出される膨大で多様なデータから、これまでにないビジネスモデルを展開する挑戦者が登場し、ゲームチェンジを起こしていくことでしょう。

こうした産業革命に匹敵する、激変する時代の波を乗り越えていくためには、過去の分析から将来を予測して、少しずつ変化に順応するような今までのやり方は通用しなくなるでしょう。これからは過去とは非連続にいきなり明日をつくり出す、突然変異を生み出すような力が求められます。そのために真の意味での「働き方改革」が求められます。

その意味での「働き方改革」とは、労務的な意味での制度の改革にとどまらず、個人や組織が生産性を高め、創造性を発揮するための環境をつくり出す経営戦略です。創造性を高めた結果として、画期的な製品やサービスや価値を生み出し、激変の時代に生き残ることが可能になります。

## 本書の目的

◎筆者と「チームスピリット」について

そして本書のタイトルの「サブスクリプションシフト」とは、こうしたＤＸの時代を牽引するビジネスという意味と、人々が創造的に働くための環境をサブスクリプションが実現するという意味をこめています。

本書が扱うサブスクリプションは、BtoB型の「SaaS／サブスクリプション」が中心となります。すべての企業とそこで働く従業員の方々が、DXによって激変する世の中に対応し、新しいビジネスを創造することを願い、筆者が「TeamSpirit」という製品を生み育ててきた経験を踏まえて、新しいサービスやビジネスモデルの生み出し方について、紹介していきたいと考えます。あわせて、その前提となる「DX時代の創造的な働き方」についても、考察を試みています。

筆者は2018年8月に東証マザーズ市場に上場した株式会社チームスピリットという会社の創業者です。本書の中で、**カタカナで表記される「チームスピリット」は筆者が創業した会社であり、アルファベットで表記される「TeamSpirit」は、そのチームスピリットが提供する製品の名称**のことです。

「TeamSpirit」は、SaaS／サブスクリプション型のクラウドサービスで、勤怠管理、就業管理、工数管理、経費精算、電子稟議など、いわゆる企業のバックオフィス業務といわれる、従業員が日々利用する機能を一つに結合し、企業の生産性向上や内部統制の強化を支援する「働き方改革プラットフォーム」です。

読者の中にはＳａａＳ／サブスクリプション型のクラウドサービスとＤＸがどう関係するのか疑問に思われる方もいらっしゃるかと思います。

ＩＴ業界には今まで、お客様の課題をシステムの要件として取りまとめ、個別のオーダーを受けてお客様専用の製品を開発する「受託開発型」と、お客様の共通のニーズに基づきメーカー側で汎用的な製品を開発し、そのソフトウェアを商品として売ることで代金を回収する「パッケージ提供型」の二種類のビジネスモデルがありました。

これに対して「ＳａａＳ／サブスクリプション型」とはクラウドというテクノロジーを利用し、ソフトウェア自体を商品として売るのではなく、そこから得られるベネフィット（恩恵）を商品として、利用期間に応じて定額で代金を回収する、まさにソフトウェアをサービスとして提供（ＳａａＳ：Software as a Service）する、まったく新しいビジネスモデルです。

筆者はこの「新しいテクノロジーを利用し」「製品をサービスとして提供する」「新しいビジネスモデル」という三つの要素が、DXの要諦となる考え方だと捉えています。そのSaaS／サブスクリプション型のクラウドサービスをつくり出した経験から、DX時代の新しいビジネスを創造するヒントがご提供できるのではと考えました。

チームスピリットも創業当初は「受託開発型」の製造業的なビジネスを行っていましたが、事業展開の中で「SaaS／サブスクリプション型」のサービス業的なビジネスに生まれ変わりました。このDXの要諦となる三つの要素と、DX時代の企業に生まれ変わる（トランスフォームする）方法に関して、業界を問わず、分かりやすく解説しようというのが本書の目的です。

◎本書の構成について

本書は大きく分けて、「DXの解説」「SaaS／サブスクリプションのビジネスモデル」「DX時代の生産性と創造性」「チームスピリットの創業ストーリー」という四つの内容から構成されます。

第一部では、DXについて、DXの要諦となる三つの要素の視点から紹介するとともに、SaaS／サブスクリプションというビジネスモデルとの関係を考えます。

第二部では、SaaS／サブスクリプションがなぜ急成長するのかについて、三つの公式を使い、ビジネスモデルの経済的な側面から説明しようと思います。会計上はつかまえにくい「隠れた価値」やLTVという見えない資産からサブスクリプションを解説します。

第三部では、SaaS／サブスクリプションのプロダクトの作り方と、私たちがさらに創造性を高めるためにはどうするべきかについて考察していきます。DXがもたらす働き方の変化と次の時代の生産性と創造性について述べます。

第四部ではチームスピリットという会社が、SaaS／サブスクリプションのビジネスモデルにどのようにトランスフォームしたのか、どのように成長させたのかを紹介します。今後、新しい事業を企画される方に、日本のスタートアップ企業である私たちの経験を通じて、なるべく実践的な方法論をお伝えできればと思います。

本書を通じて、読者がこれからやってくるDXの時代を機会として捉え、自らのビジネスに活かしていただければ、これほど嬉しいことはありません。

なお本書は、筆者の個人の主観が強く反映された内容となっています。本書の内容は会社としてのチームスピリットの意見を代表しているわけではありませんので、その点をご理解、ご了承いただければと思います。

# 第1部

# デジタルトランスフォーメーション（DX）への構想

# 第１章 DXとサービス化

## 実店舗をデジタル化するAmazon GO

ＤＸにはクラウド、モバイル、ＡＩ、ＩｏＴといったテクノロジーの利用が欠かせません。こうしたテクノロジーによって収集・蓄積されたデータが、ビジネスを変えることが、その本質です。

先日、サンフランシスコにオープンしたＡｍａｚｏｎ ＧＯを体験してきました。Ａｍａｚｏｎ ＧＯは、レジでの精算なしで買い物ができる無人の実店舗と思われていますす。筆者も体験前の想像では単なる無人店舗で、レジの人員の省力化が目的なのかと思っていましたが、実態はそれをはるかに超えていました。

Ａｍａｚｏｎ ＧＯの店舗に入店するには、事前に専用のアプリをスマートフォンにダウンロードしておき、アプリのバーコードをかざして入り口のゲートでスキャンします。入店した後は、陳列棚から買いたいドリンクや食べ物を取れば、そのまま退店できます。退店すると、アプリ経由で決済が行われます。店舗で店員と精算のやり取りが一切発生せずに購入と決済が完了するというのは、新鮮な体験でした。

最初のゲート通過時にＱＲコードでユーザーの確認を行っています。その後は、店内に設置された複数台のカメラと棚に設置されているセンサーにより、買い物客の行動がトラッキングされます。機械学習によりユーザーの行動パターンを学習し、顔認識により人物の識別も行われています。手にとった商品をまた棚に戻せばその行動もトラッキングされますが、棚に戻した商品がカートに入ることはありません。

オンラインでの買い物と同じように、購入した商品だけでなく、どういう経路で商品を見ているのか、何と比較して何を選んだのか、入店／退店の時間、店内の滞在時間など、あらゆるデータが収集され、レジの必要のない買い物体験を実現しています。オフラインの行動データをここまで精密に蓄積できるようになれば、そのデータを学習させて、その人の生活パターンや好み、家族構成から懐事情に至るまで様々なデータを鑑みた提案ができるでしょう。

このように、Ａｍａｚｏｎ ＧＯは単なる「省力化されたコンビニエンスストア」ではありませんでした。買い物のプロセスを補佐し、実店舗とオンラインを融合して、新しい「買い物体験」を創出するための仕組みだったのです。

実店舗での購入体験という、これまではデジタル化されにくかった行動も、新しい顧客接点（タッチポイント）とし、データを蓄積する場所に変える――このことが、新しい体験を提供しているのです。

## サービス化するビジネス

ＤＸに関わる一番大きな変化は多くの産業の「サービス化」として表れます。サービスとは、「モノではなく、無形の価値を流通させること」だといえます。サービス化というと、流通業、飲食業などの「サービス業」をイメージされるかもしれませんが、そうした既存のサービス業に限らず、すべての業種・企業で従来のビジネスのコア部分を、サービスとして仕立て直して新たな価値を提供することだといえます。

すでによく知られている例ですが、自動車配車サービスのＵｂｅｒ（ウーバー）は世界最大規模の登録自動車を抱えていますが、自社で自動車を保有しているわけではありません。ウーバーは「ドライバーが客を乗せて移動する」という価値の提供方法を組み立て直して、サービス化し、新しい形の自動車配車サービスを実現しました。民泊サービスを提供するＡｉｒｂｎｂ（エアビーアンドビー）も同様に自社では宿泊施設を持ちませんが、宿泊先を個人の自宅やアパートの一室まで拡大し、「宿泊する」という価値を提供しています。音楽配信サービスＳｐｏｔｉｆｙ（スポティファイ）は、音楽をサブスクリプションで楽しめる仕組みをつくりました。音楽のアルバム、あるいは一曲を購入して聞くというこれまでの音楽の購入方法を変えて、自分の好きなアーティスト、曲だけに限らず、今まで聞いたことのなかった音楽との出会いを楽しめるような、新しい音楽体験を価値として提供しています。

これらのサービスは、すでに世の中に存在していた事業の価値を見直し、ＩＴを使って「新しい価値」に組み換えて提供しているものです。既存のサービスよりも柔軟性が高く、利用しやすく、安価といったユーザー側のメリットに加え、ウーバーやエアビーアンドビーの場合は誰もがサービスを提供する側（ドライバーや宿泊施設のホスト）にもなれるという価値も提供しました。

このように運送（タクシー）業や宿泊業、あるいはラジオやレコード店という従来の事業を行っている企業が進化したのではなく、既存の市場原理を破壊していくこれらのサービスは、ディスラプター（破壊者）と呼ばれ、既存の事業者にとって脅威となっています。しかし、まったく専門外の企業がテクノロジーとアイデア一つで参入できることは、スタートアップとしては大きなチャンスであるとも考えられます。

一方、このようなサービス化に対応しようと動き始めている既存の事業者もあります。

１９６７年から家電や情報機器の展示会として全米民生技術協会（ＣＴＡ）が開催していたConsumer Electronics Showは、２０１８年から名称をＣＥＳに統一し、コンシューマーテクノロジーに限らず、より広いＩＴ産業分野の展示会として発展しています。２０１８年にトヨタはこのＣＥＳで「e-Palette（イーパレット）」構想を発表しました。イーパレットは自動運転電気自動車のコンセプトカーです。このイーパレットを使って移動、物流、宿泊、小売りなどのさまざまなサービスをＭａａＳ(Mobility as a Service：サービスとしてのモビリティ）として提供するという構想です。トヨタは自動車の製造・販売からＭａａＳという「移動するサービス」に事業の軸を移すことをめざしており、豊田社長はＣＥＳで「e-Paletteはこれまでの車の概念を超えて、お客様にサービスを含めた新たな価値を提供できる未来のモビリティ社会の実現に向けた大きな一歩」と述べています。そこからは、車の製造・販売から、人やモノを移動するという価値に主眼をおいたサービスへの転換を図っていることがうかがえます。

２０１９年のＣＥＳでは、日用消費財メーカーのＰ＆Ｇ（Procter & Gamble）が初めて参加し、データとテクノロジーによる新しい挑戦をしていくというＤＸの方向性を示しました。Ｐ＆Ｇでは、スタートアップやテクノロジー企業とパートナーシップを組み、オープンイノベーションに取り組んでいます。その成果の一つといえるのが、２０１９年2月にスタートさせた「Tide Cleaners（タイドクリーナーズ）」です。洗濯用洗剤「Ｔｉｄｅ」においては、製品の開発、製造、販売というこれまでの主力事業を、「衣類をきれいに洗濯する」という価値を提供するサービスに置き換えて、サブスクリプション型のクリーニングサービスとして展開したのです。

こうした取り組み*はどちらも、モノをつくって売るという製造業（メーカー）の従来の事業スタイルから、モノではなく、「移動すること」や「衣料をきれいにする」という無形の価値を提供するサービス事業への転換を意味するものだといえます。

身近な日本企業の取り組みとしては、良品計画がホテル事業を開始したことなどが挙げられます。無印良品という製品の開発・製造、販売だけでなく、良品計画がめざす居心地のよい空間を、ホテルというサービスに転換した事例として捉えることができます。

また、レガシーな産業ともいえる出版業のDXの例として、鎌倉新書を取り上げてみます。筆者は鎌倉新書の担当の方にお話を伺いました。鎌倉新書は、葬儀、お墓、仏壇などの終活関連のWebメディア運営や書籍、業界向け雑誌などの発行を事業としています。同社では、人が亡くなったときの葬儀社、仏壇仏具、石材店などの事業者を紹介するサービスも提供しています。亡くなる方は高齢者が多いですが、葬儀や納骨などを執り行うのはその子供達の世代ですから、Webメディアがタッチポイントとなり、そこから問い合わせにつながるようになったということです。

＊ https://global.toyota/jp/newsroom/corporate/20508200.html
https://www.tidecleaners.com/
https://www.advertimes.com/20190109/article283871

従来は地域や檀家などで利用する事業者が決まっていた葬祭関連ビジネスですが、都市圏内の移住の増加や、核家族化などの社会的な環境変化を受けて、新しいビジネスチャンスが広がりました。人が亡くなった時に関わる葬儀社、石材業者、寺院のなどをデータベース化して、その情報をサービスとして提供しているのです。

紹介サービスを提供するようになったきっかけは２０００年代の前半で、それまでは仏事関連の専門雑誌だった同社にお客様からの「葬儀社やお墓を紹介してほしい」という一本の電話があったことだったといいます。自社が持っているデータとお客様のニーズをかけ合わせることで、自社にしかできない情報提供サービスができると気がついたのです。その結果、今では葬儀社やお墓だけでなく、相続の相談、生前整理といった生前を含めた終活全般を提供するビジネスへと拡張しています。より長くお客様と関係を続けていくために、ＳａａＳ型の営業支援ツールを使ってお客様の情報を個別に管理し、その時々で最適なコミュニケーションがとれる体制を整えているそうです。

出版不況と言われる中で、専門書の出版社というレガシーな業態から「情報加工業」へと自社を再定義し、見事にＤＸを果たした例といえるでしょう。

このように、本業と最新のＩＴを組み合わせることで、まったく新しいサービスが登場する可能性があります。これからはすべての産業、企業がこのようなＤＸに挑戦することで、未来を切り拓く必要に迫られていると筆者は感じています。

## ＩＴ産業が提供する価値の変化＝「ＳａａＳ」

サービス化の流れはＩＴ産業にも及んでいます。ＳａａＳ（Software as a Service、サービスとしてのソフトウェア）という言葉はすでにおなじみのものとなっています。ＳａａＳとは、従来、パッケージなどで提供することでユーザーのマシンにインストールしていたソフトウェアを、クラウドコンピューティングによるサービスとして提供する形態のこと。正確にはソフトウェア自体を販売するのではなく、ソフトウェアを利用することで得られるベネフィット（恩恵）をサービスとして提供するのです。ソフトウェアの機能はユーザーのシステム環境とは離れたサービス提供者のサーバ上で運用されており、ユーザーは自分で用意したPCのブラウザーやスマートフォンなどを使って、インターネット経由でその機能（サービス）を利用します。

このように説明をすると「パッケージに入っていないだけで、販売、導入、サポート、保守などは同じなので、従来のビジネスモデルと変わらないのでは？」という声も聞かれます。確かに、「ソフトウェアを利用する」というところだけを見ればそうかもしれませんが、ユーザーに提供している価値はソフトウェア自体ではなく、使うことによって得られるベネフィットにあります。

私たちが提供するサービス「TeamSpirit」の場合、勤怠管理や工数管理、経費精算などの機能をサービス化し、SaaSとして提供しています。これらの機能を使ってデータの記録や計算が実現できることはもちろんですが、使わない場合と比較して業務の時間短縮ができ、効率が上がります。また日々のバックオフィスの業務をデジタル化することで、従業員の働くログデータが蓄積されて、業務の実態をつぶさに把握できるようになります。データに基づいた創造的活動の支援により、生産性を向上することができます。このようなことがユーザーに提供できるベネフィットなのです。

販売方法はユーザーの利用期間に応じて代金を回収する、サブスクリプションというビジネスモデルを採用しました。まさに「モデル」というのにふさわしく、事業の先行きが見通しやすいビジネスの方法です。

ここからは私たちのサービスを参考に、ＳａａＳ／サブスクリプションのビジネスモデルについて解説していきます。

第2部

# SaaS／サブスクリプションの価値

第２章

# SaaS／サブスクリプションとは何か

## SaaS／サブスクリプションが「すごい成長」をする仕組み

前章では、ＤＸ時代のビジネスについて、そのカギが「新しいテクノロジー」「製品のサービス化」「新しいビジネスモデル」という三つの要素であることを説明しました。なかでも新しいビジネスモデルとして最も期待されているのが、ＳａａＳ／サブスクリプションです。

ＳａａＳと従来のパッケージソフトウェアビジネスとの違いは、クラウドを通じて常にユーザーと事業者がつながっているところです。そのためデータの蓄積によって、ユーザーにとっての価値を増進させていくことや、サービスをリアルタイムに拡張することが可能になります。またサブスクリプションは、売り切りのパッケージ型のビジネスとは異なり、「会員制」で「期間購入型」「定額制」でサービスを提供していく形態です。

この「会員制」で「期間購入型」である形態にはこれまでの「パッケージ型」（プロダクト型）や「受注型」と異なる、大きなメリットがあります。経営上の利点として、収益の安定化をもたらすのです。

私たちは、このSaaS／サブスクリプションモデルで、勤怠管理や工数管理、経費精算などを一体化したサービスを提供しています。私たちがサービスを立ち上げ、事業拡大のためにファイナンスを検討しはじめた時代には、スマートフォンアプリやゲーム、ソーシャルメディアなどが花形で、SaaS型のBtoB向けITビジネスは、株式市場や投資家の側からはほとんど注目されていませんでした。クラウドコンピュ

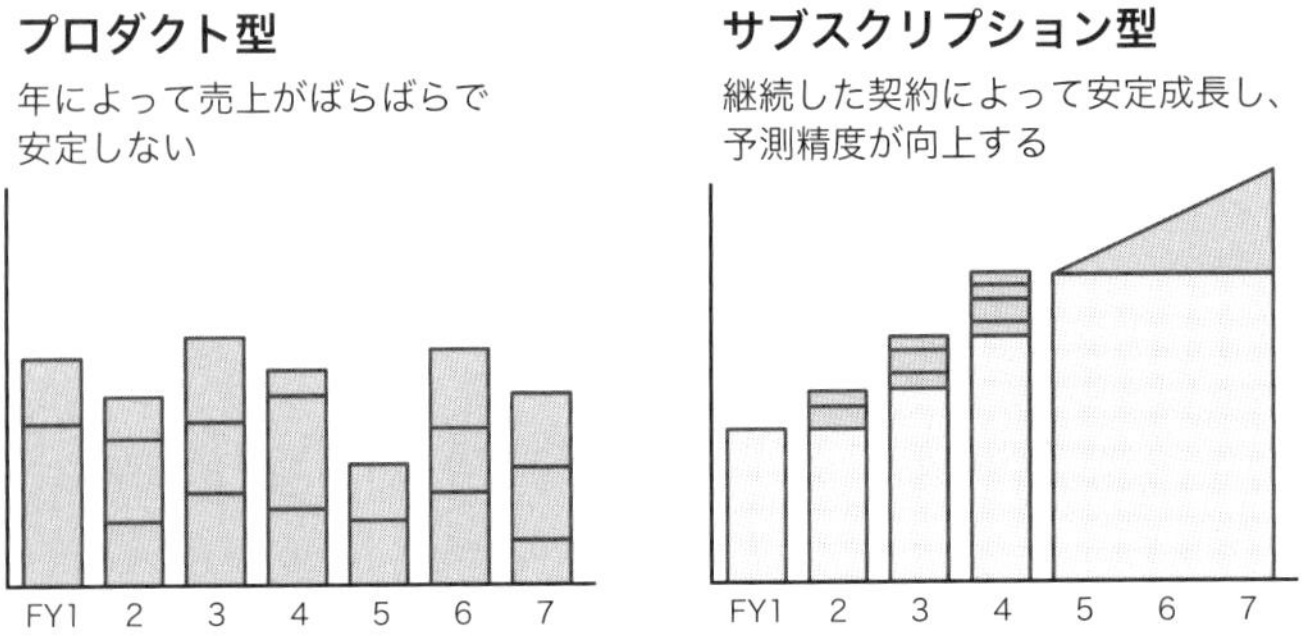


図表2-1　プロダクト販売型とサブスクリプション型の売上構造

ーティングやＳａａＳが、海外ではすでに急成長をはじめていましたが、日本ではなぜか企業向けのＩＴビジネスは「スケールしない」といわれていたのです。

しかし、この数年で市場からの目が大きく変わりました。「サブスクリプション」は急成長するという認識が浸透したのです。

シリコンバレーのＳａａＳ業界では「40％ルール（The Rule of 40%）」があるといわれています。ベンチャーキャピタルの投資基準の一つとして、ＳａａＳの場合は「企業の売上高の成長率」と「営業利益率」の合計の値が40％を超えることが基準となるというのです。たとえば、企業の売上高の成長率が１００％の場合は営業利益率がマイナス60％までは投資可能で、企業の売上高の成長率が40％の場合は、営業利益率が０％以上なら投資可能といった具合です。つまり、ＳａａＳビジネスは急成長することを前提としているので、売上が伸びていれば、営業利益率が低くても問題はないという考え方だといえます。

もちろん、ネットフリックスやスポティファイなどの音楽や動画といった、ＢtoＣのコンテンツのサブスクリプションサービスが急成長した影響もありますが、この40％ルールに代表されるように米国の株式市場での「ＳａａＳ／サブスクリプション」系企業の台頭が著しかったこともまた、市場からの目線を変えた背景にあるといえるでしょう。

このように急成長ビジネスとして認識されるようになったＳａａＳ／サブスクリプションビジネスの特徴と具体的なつくり方を、これから説明していきましょう。

## SaaS／サブスクリプションの三つの公式

アップルミュージックやスポティファイ、ネットフリックスなどのサブスクリプションサービスが音楽や映像のコンテンツ産業を変革したように、BtoBの企業システムの世界にもサブスクリプションが大きな潮流となってきています。

先鞭をつけたのはセールスフォース・ドットコムやマイクロソフト、アドビシステムズなど米国のIT企業です。今では急成長の源泉として語られることの多いサブスクリプションですが、アドビシステムズもマイクロソフトも、当初のパッケージ型のソフトウェアからサブスクリプションにビジネスモデルを転換した当初は、株式市場からの理解も得られず、株価が低迷していた時期もありました。

サブスクリプションのビジネスモデルについては、こうした米国の先進事例による紹介がなされてきましたが、この章では、私たちのこれまでの経験を踏まえて、「日本発SaaS／サブスクリプション企業」としての考え方を紹介したいと思います。

【公式①】

**売上＝単価×数量×購入回数**

【公式②】

**年間売上＝新規契約金額×約 $\frac{1}{2}$＊＋前年度売上高**

＊新規契約金額は、毎月同額と想定

【公式③】

**LTV＝月額（年額）の利用料金×**
**１顧客の離脱までの平均継続期間**

本書では、サブスクリプションビジネスが事業モデルとして強力な理由について前頁の三つの公式を使って説明します。

**【公式①】売上＝単価×数量×購入回数**

【公式①】はビジネスの基本であり、マーケティングの教科書にも書かれていることですが、サブスクリプションにおいても共通するものです。単価を月額利用料、数量をユーザー数と捉えればわかりやすいと思います。そしてポイントは「購入回数」を「利用期間」とみなすことです。サブスクリプションにおいては、「購入回数」を増やすことは「利用期間を延ばす＝解約率を下げること」です。

**【公式②】年間売上＝新規契約金額×約1/2＋前年度売上高**

【公式②】サブスクリプションは急成長ビジネスといわれますが、私たちの経験からすると、サービス開始から数年は簡単には儲かりません。ビジネスを開始して数年は受託開発型に比べて、投資が大きい割に売上が小さいからです。ある期間を経てから、収益は格段に向上します。損益分岐点を超えて新規契約が積み上がっていく段階までくると、売上も利益も飛躍的に向上するのです。このことをTeamSpiritの「売上」と「前受収益」の関係から説明します。

**【公式③】LTV＝月額（年額）の利用料金×1顧客の離脱までの平均継続期間**

**【公式③】LTV（Life Time Value）**とは顧客生涯価値のことです。SaaS／サブスクリプションのビジネスの評価は単に売上や利益ではなく、LTVがベースになります。けれども従来の会計や決算書ではこの価値を表せないのです。LTVを、将来を見据えた価値と捉え、戦略的に投資やマーケティングの指標としていく経営の考え方が必要になります。

ここから、これらの三つの公式からみたSaaS／サブスクリプションについて、詳しく解説していきます。

## 高く仕入れて安く売れ

筆者は、これまでのビジネスの原則を覆す発想が、サブスクリプションの原則だと考えています。

これまでのビジネスの常識は「安く仕入れて高く売る」です。つまり、90円で仕入れて100円で売るよりも、10円で仕入れて100円で売った方が、利益率が高くなるというわかりやすい考え方に基づいています。飲食店も、小売店も、不動産もみな、この原則に則っているといえます。機関投資家であっても、安いときに株を買って高くなったときに株を売り、利ざやを稼ぐという同じ原則に従っています。

しかし、サブスクリプションの場合、この原則の逆の戦略をとり、「高く仕入れて安く売る」というやり方が有効であると考えています。「高く仕入れる」というのは、製品・サービスの開発段階では、優秀な人材や開発環境に十分な資金を投入するということです。また「安く売る」とは、一企業ではとても開発できない高いベネフィットを持つ製品を、導入ハードルの低い月次の利用料で提供するということです。

私たちの場合は、特に原材料などはないので開発部分に大きく投資して、優秀な人材を雇って高い給料を支払い、よい商品をつくるということを方針にしてきました。高くつくったものをさらに高く売るのではなく、安く売る、そして「長く売る」のです。これがサブスクリプションビジネスの原則です。

ここで、先に述べた**【公式①】**の、売上を構成する要素をあらためて見てください。

**【公式①】　売上＝単価（顧客単価）×数量（顧客数）×購入回数**

売上をつくる要素を顧客単価、顧客数、購入回数の三つに分解したものですが、この掛け算のどこを上げるかがビジネス戦略につながります。

ここでは、「単価設定」を考える上で、６０００万円の売上をどうつくるか、考えてみましょう。

たとえば、受託開発の場合は6000万円で1社に1回買ってもらうことになります。

私たちもSaaSビジネスに転向する前は受託開発を行っていましたが、そのときは一回の顧客単価は高く、顧客数は限定、そして購入回数はほぼ一回でした。受託開発では、一品料理となるため開発コストは高いのに、なかなか顧客を満足させることが難しく、なおかつ数年後にシステムのリプレイスが発生します。その段階ではリピートの受注が必要になりますが、そこでリピートを得られる顧客は少ないため、常に新規顧客を探すということの繰り返しでした。一度納品した後は、少なくとも当分の間、同じお客様からの発注はありませんから、耕作した後、一度畑を焼き払ってしまう焼き畑農業に自分たちを喩えたものです（正確には、焼き畑農業は畑を焼いた後、土地を休ませる休閑期間を設けて焼いた土や草を肥料にして再び地力を回復する手法ですが、うまくいかない受託開発の場合は休閑期間がずっと続くことになります）。

住宅、自動車などの高額商品も購入回数が少ないパターンにあてはまり、従来のERP（統合基幹業務システム）もこのパターンになります。売上をつくる三つの要素のバランスをどこに置くかによって、注力するビジネス戦略が変わるのです。

サブスクリプションの場合は、顧客が毎月購入する（利用料を支払う）ビジネスなので購入回数が多くなりますが、一般的に顧客単価は安くなります。6000万円の売上をつくるなら、1000円で1000人に60回（5年間）買ってもらうイメージです。

しかし、サブスクリプションだからといって顧客単価が安くなければならないというわけではありません。「安かろう悪かろう」ではかえってお客様は離れてしまいます。価値に見合った価格設定を行うことはブランドを維持するために重要な戦略です。この段階で留意すべきなのは、次の二点です。

①製品がオリジナルのアイデアでできているか？（レッドオーシャンに飛び込むとただでさえ単価が安くなりがちなサブスクリプションは、採算がとれない）

②常にフレッシュなサービスを提供できているか？（生鮮食料品のように、同じ

条件であれば、新しいモノが選択される）

次に「顧客数」を伸ばす戦略も重要です。BtoCなのか、BtoBなのか。BtoBならば、ターゲットは企業内個人なのか、中小企業なのか、大企業を狙うのか。1社の中の全員が使うサービスであれば、従業員数が多い企業を狙うことになりますし、一部の人が使うのであれば、導入企業数を増やしていくことになりますから、中小企業にターゲットを絞るといった戦略が有効になります。TeamSpiritは、全従業員が使うサービスなので、主に大企業を狙い、すべての従業員にライセンスを配布することを選択しました。

日本の法人企業の従業員は約4500万人といわれています。そのうち従業員数が1千人以上の企業数は4400社で働く人が1500万人、100～999人の企業数は5万5000社で働く人は1400万人、100人未満の企業数は180万社で働く人は1600万人です。どのセグメントを選ぶかによって顧客数を伸ばすためのアプローチが変わります。

私たちが顧客数の増加を図るためにとっている施策としては次のようなものがあります。

①　簡単に導入できる設計にする。または効果的にオンボーディング（運用開始）できる体制をつくる
②　再現可能な販売方法やサポート方法を考案する
③　高機能なサービスを従業員１人当たりの安価なサブスクリプション費用で提供する

③は、公式の要素のうち顧客単価にも密接に関わってきますが、顧客獲得においても重要な訴求ポイントになっています。従来のＩＴシステムでは、「個別企業に対応する高機能サービス」を安価に提供することは、収益の面で困難でした。サブスクリプションならプラグインにすることで、月額利用料で安価に提供できます。このことは導入企業にとって大きなメリットであり、顧客数増加につながります。

多くのユーザーに使ってもらうサブスクリプションの高機能で安価なビジネスモデルを実現するために最も重要なのが**「シングルソース・マルチテナント」**の維持になります。簡単に言えば一つのソースプログラムをすべての顧客が利用するという意味です。ソースプログラムが一つなのでプログラムを修正すると即座にすべての顧客に反映することができるので、法改正のように業務上の仕様変更が必要の場合や、新しいOSやブラウザの登場によりシステム上の改修が必要になったような場合でも、お客様はバージョンアップにかかる費用を負担することなく、常に最新の機能を使うことができます。ただ個別のお客様に合わせた改造はできないので、すべてのお客様に共通した汎用的なシステムにする必要があります。GoogleAppsでもSlackでも多くのクラウドサービスはこれを実現しているので当たり前と思うかもしれません。しかし大企業が使う業務システムで顧客ごとのカスタマイズを行わず、汎用的なシステムを使ってもらうことは実はとても難しいことなのです。

その理由の一つは、汎用的な仕様にするには業務への深い理解とシステムの設計力が要求されることです。もう一つの理由は強い意志がなければシングルソース・マルチテナントを維持できないことです。個別にカスタマイズを受けると短期的には売上アップになります。この誘惑を捨てて、一つのソースプログラムの改良だけで対応しなければなりません。短期的な売上に飛びつかず、その改良に取り組むには、資本の力も必要となります。

この原則を捨て、一部の会社のためだけに専用にカスタマイズをしてしまうと、その後のメンテナンスでも多くの工数がかかり、場合によってはカスタマイズした会社だけ最新のアップデートが受けられないという状況も起きてしまいます。

サブスクリプションでは説明した三つの対策によって顧客数を増加させていきます。

## カスタマーサクセスのための「アジャイル開発」

「購入回数を増やすこと」と「解約を防ぐこと」は、表裏一体であり、サブスクリプションのビジネスモデルでは最重要ともいえるテーマです。そのために必須となるのが**「カスタマーサクセス」**という考え方です。カスタマーサクセスは、一般的なお客様へのサポート、問い合わせ対応とは異なり、自社の製品を使っているお客様の事業を成長させるための活動です。そのために、カスタマーサクセスでは、お客様から見ると会社そのものがあたかも一つのプロダクトでありサービスであると感じてもらえるように、マーケティング、セールス、導入支援、カスタマーサポートなど、それぞれの部門が一体となってお客様を支援する体制の構築がとても重要になります。

さらに、カスタマーサクセスの観点で私たちが最も重視しているのは、顧客の要望を可能な限り速く製品に反映させ、新しい機能を追加して、常に進化していくサービスにすることです。そのために欠かせないのが、グループ開発とそれを支える**アジャイル開発**です。

アジャイル（Agile）は「俊敏な・素早い」という意味で、アジャイル開発は、システムやソフトウェア開発における手法の一つです。従来のソフトウェア開発では、最初に全体の機能設計・計画を決定し、この計画に従って開発・実装していくウォーターフォールモデルが主流でした。これに対しアジャイル開発は、小単位の機能で実装とテストを繰り返して開発を進めていきます。従来の開発手法に比べて開発期間が短縮されるため、アジャイルと呼ばれています。

私たちにとって、このアジャイル開発とカスタマーサクセスは不可分なのです。その理由をご説明しましょう。

TeamSpiritは、勤怠管理や就業管理＝人事、経費精算＝経理、工数管理や原価管理＝事業部門といった異なる部門、業務のシステムが一体となり、それぞれ連携しています。連携したシステムの機能の一部を変更する場合、いちいち全体の設計に立ち戻るウォーターフォール型の開発をしていたのでは時間がかかり過ぎるため、細やかな変更ができなくなります。したがって、柔軟な仕様変更を前提としたアジャイル開発を採用する必要がありました。

さらに、最近の働き方改革法案の改正や消費税の改正のように、緊急度の高い変更要求が起こることがあり、あるリリースでは勤怠管理を優先し、次のリリースでは経費精算の開発を厚くするというようなことが発生します。その際に開発メンバーを固定化・属人化させずに柔軟に配置できるように、ドキュメント管理や開発規約の標準化も含めて、大人数でグループ開発ができる体制にしています。これらのことは結果的に開発リソースの平準化につながり、ハイスペックな人材を常に最適な仕事に割り当てることを可能にしています。

マーケティングの教科書に出てくる**【公式①】**に従ってサブスクリプション型で売上を増加させるには、一見マーケティングや営業力に頼ることになりそうですが、実は開発までも含んだ組織やプロセスの革新が必要とされるのです。

## 課金方式としてのサブスクリプションは成長エンジン

私たちは、サブスクリプション型の課金方式をビジネスモデルに採用しました。このビジネスモデルの採用によって事業が急成長し、サービスの提供開始から7年目で上場を果たすことができました。

今では、さまざまなサービスがサブスクリプション型の課金形式を採用しています。個人向けの動画配信サービスであるネットフリックス、音楽配信サービスのスポティファイなどエンタテインメント系のサービスに加えて、最近はアパレル、飲食店、宿泊施設、自動車など多様な分野でサブスクリプション型のビジネスが登場しています。BtoBでも同様に、アドビシステムズ、セールスフォース・ドットコム、マイクロソフトなどの大手企業をはじめ、さまざまなサービスがサブスクリプションによる課金を採用して、収益を大きく改善しています。

ここからは、私たちが採用しているサブスクリプションの収益モデル（決算書での数値の表れ方など）について解説していきましょう。

## はじめ投資家の理解は得られなかった

クラウドサービスで提供して、サブスクリプションによる課金方式とすることは、TeamSpiritを有料サービスとしてリリースしたときに決めていました。Salesforceなどと同じくクラウドサービスですから、パッケージソフトのような売り切りではなく、利用している期間分費用を支払ってもらうサブスクリプション型の課金方式としたのです。

しかし、TeamSpiritをリリースした2011年当時、サブスクリプション型のビジネスモデルは投資家になかなか受け入れられなかったのです。その理由は、**売上金額が小さくなること、収益が出るまでに時間がかかること**でした。受託開発の場合は、基本的に納品し検収されたときに受注した金額が全額売上に計上されます。たとえば5年間利用するサービスを6000万円で受注し納品した場合、その年度の売上は当然、6000万円になります。

一方、サブスクリプションの場合は同様に5年間利用されるサービスを6000万円で受注した場合、初月の売上は利用した1カ月分の利用料のみ。6000万円を5年間（60カ月）で割った100万円が月の売上になります。翌月以降もこの利用料が入っていきますが、サービス開始当初は受託開発に比べると売上規模が小さく見えてしまいます。6000万円の売上になるには5年かかるのです。単純計算で初年度の売上は、最大でも1200万円にしかなりませんから、一括受注型のITビジネスに比べて、売上の成長は遅く見えます。このことは、後でもう少し詳しく説明します。

反面、一括受注型のITビジネスは受注した新規案件の規模に合わせてリソースを増やさなければならないのに対し、サブスクリプションは同じサービスの継続利用ですから、ゼロからの営業や開発は不要なので、一定のリソースでも着実な成長が見込めます。

投資家からはなかなか理解が得られなかったサブスクリプション型の課金ですが、実は時間が経てば経つほど売上が増加していくモデルなのです。これをチームスピリ

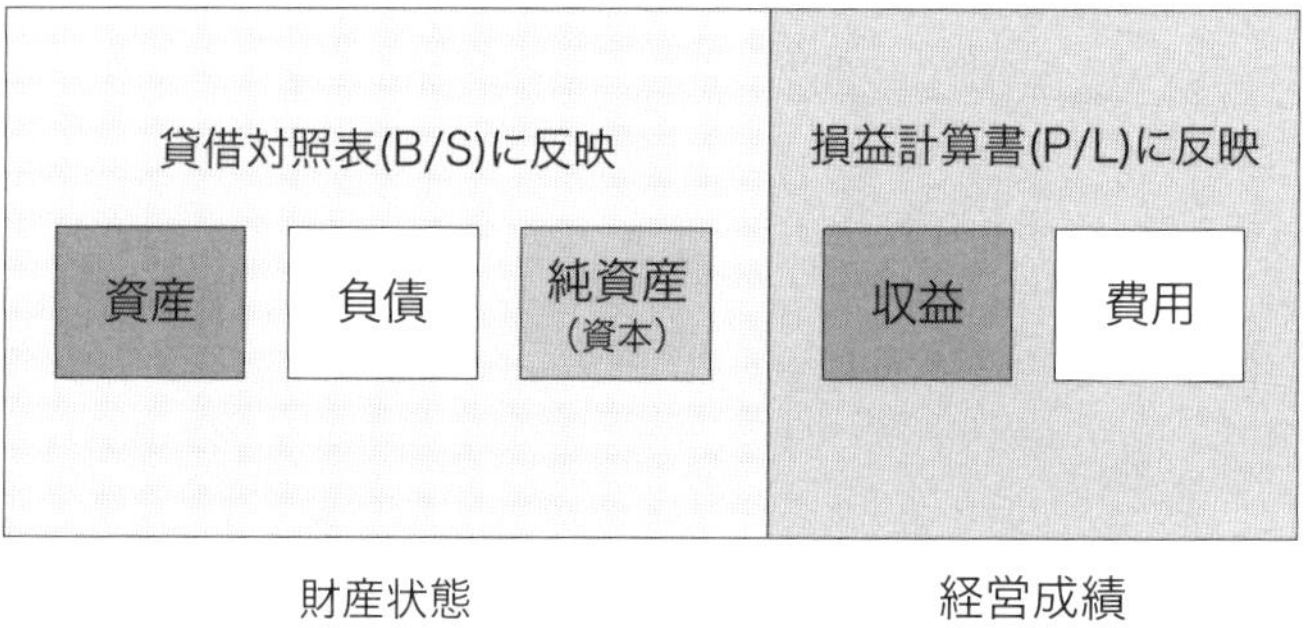


図表2-2　勘定科目の5つのグループ

ットでは「初年度は三角、次年度以降は四角になる」という説明をしていますが、この意味について図表に基づきながら詳しく説明しましょう。

## サブスクリプションと五つの勘定科目

ここからは、サブスクリプションの収益モデルを細かく見ていきましょう。少し簿記や経理の知識が必要になりますが、単純化してわかりやすく説明してみます。

最初に簿記の基礎知識的な話になりますが、おつきあいください。会社の取引を表す

## 取引は5つに分類される

**①資産**

企業活動に必要なものや権利。将来入ってくる収入＝受取手形や売掛金なども含む。

・現金・普通預金・受取手形・売掛金・立替金・未収金・製品・車両運搬具・土地・備品など

**②負債**

会社の外から調達したお金で、返済の義務をともなうもの。

・支払手形・買掛金・借入金・前受金・未払費用・社債など

**③純資産**

株主からの出資金や、企業活動を通して得た利益のうち社内にストックしておくお金。事業の元手になる。

・資本金・資本準備金・利益準備金・利益剰余金・自己株式など

**④費用**

収益を得るためにかかったお金。

・仕入・減価償却費・福利厚生費・給与・交際費・広告宣伝費・地代家賃・水道光熱費など

**⑤収益**

企業活動によって得たお金。

・売上・受取利息・受取家賃・受取配当金・雑収入など

## 5つのグループの関係

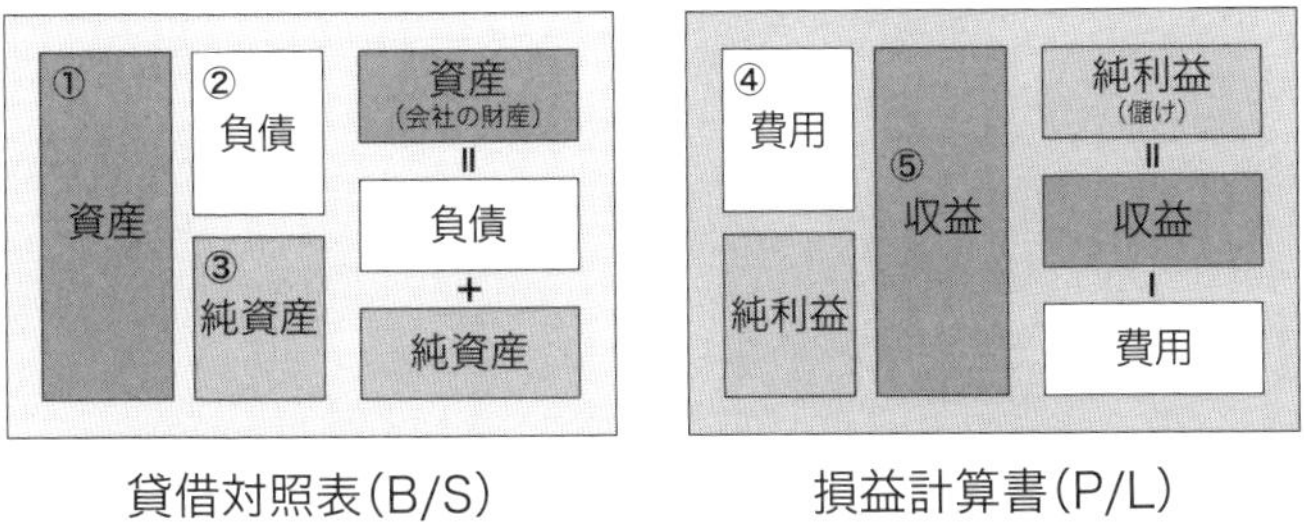


引用元：https://edu.jusnet.co.jp/accounting_02.shtml

図表2-3　決算書からみる取引の5分類

には「勘定科目」が使われており、この勘定科目は内容によって大きく「資産」「負債」「純資産」「収益」「費用」の五つのグループに分類されることを覚えておいてください。会社は取引を行うたびに、この五つのうち、いずれか二つが増減しています。

勘定科目の五つのグループは、決算書類である**「貸借対照表（B／S）」**（資産、負債、純資産から構成される）と**「損益計算書（P／L）」**（収益、費用から構成される）と連動しています。貸借対照表（B／S）は会社の財産状態を把握するのに役立ち、損益計算書（P／L）はその会計期間に会社が儲かっているかどうかを把握するのに役立ちます。決算書は、この二つに会計期間中の現金（および同等物）の増減を示した「キャッシュフロー計算書」を加えた、財務三表から構成されます（図表2-2、2-3）。

## 「売上」が小さく見えるサブスクリプションの罠

では、勘定科目の五つのグループを頭に入れたうえで、サブスクリプションのビジネスモデルを見ていきましょう。ここでは、月額100万円、年間のサブスクリプション費用が１２００万円のサービスを提供している場合の収益モデルを説明します。年間契約のサブスクリプションサービスのため、顧客は契約時に1年分の費用を支払うという前提で話を進めます。

営業活動を展開した結果、サービスを契約してくれる新規顧客が1社現れました。前提の通り、契約時に年間のサブスクリプション費用を全額支払ってもらいます。この例では、便宜上契約開始月に1年分の１２００万円の入金があるものとします。

しかし、この１２００万円はそのままその月の売上には計上されません。先に１２００万円入金されているのですが、当月の売上は1カ月分の利用料１００万円のみ、残りの11カ月分はサービスが消費されていないので、**会計上は「前受収益」として処理されます**。会社としては顧客から先に受け取っているサービス利用料（前受収益）に対して履行義務を負っていることになるので、残りの１１００万円は会計上の勘定科目のグループとしては②の**「負債」として計上**されます。ですからその月は、最初の1カ月分１００万円だけが売上となり、⑤の「収益」に計上されます。

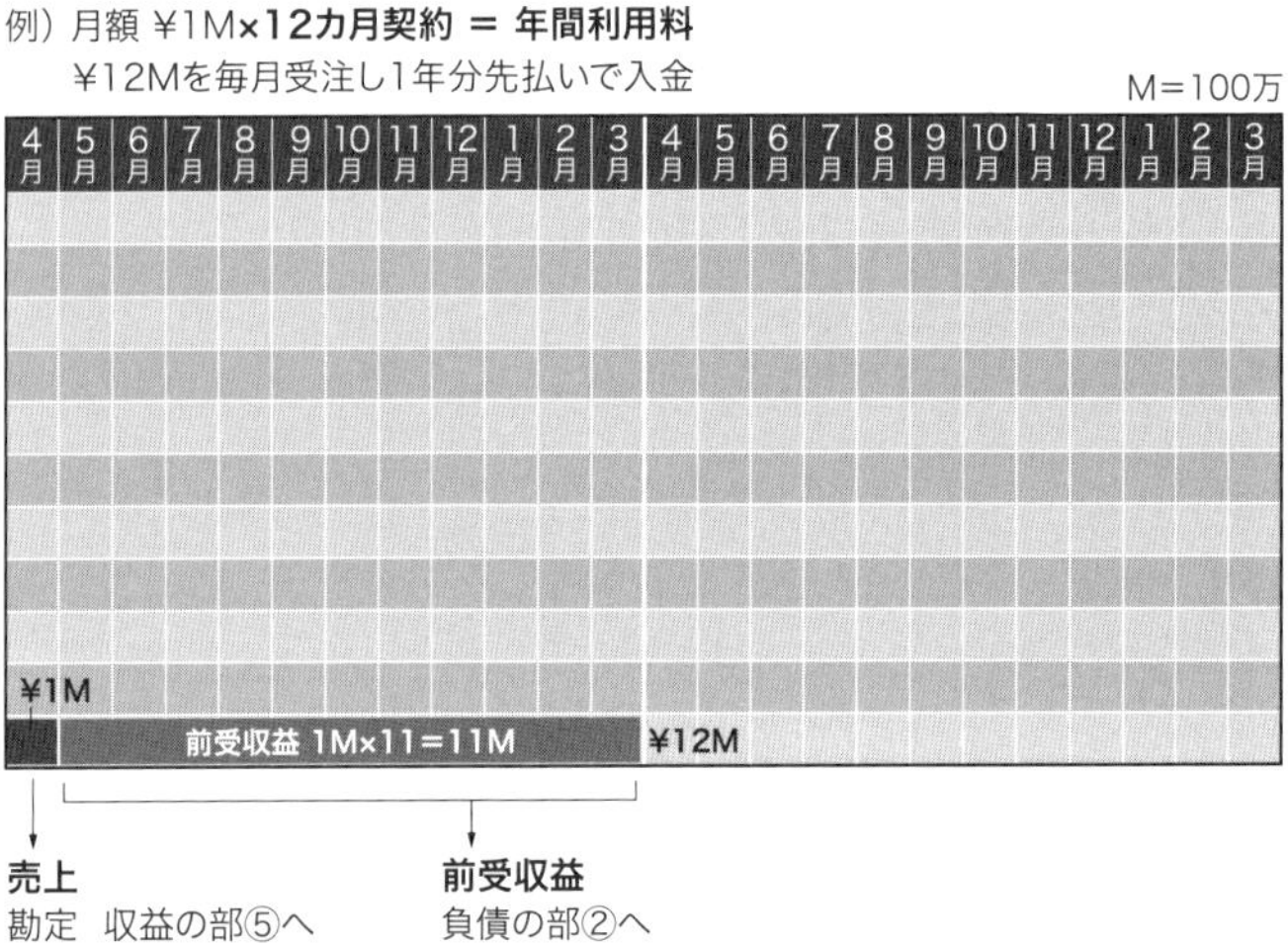


図表2-4　サブスクリプション型ストックモデル

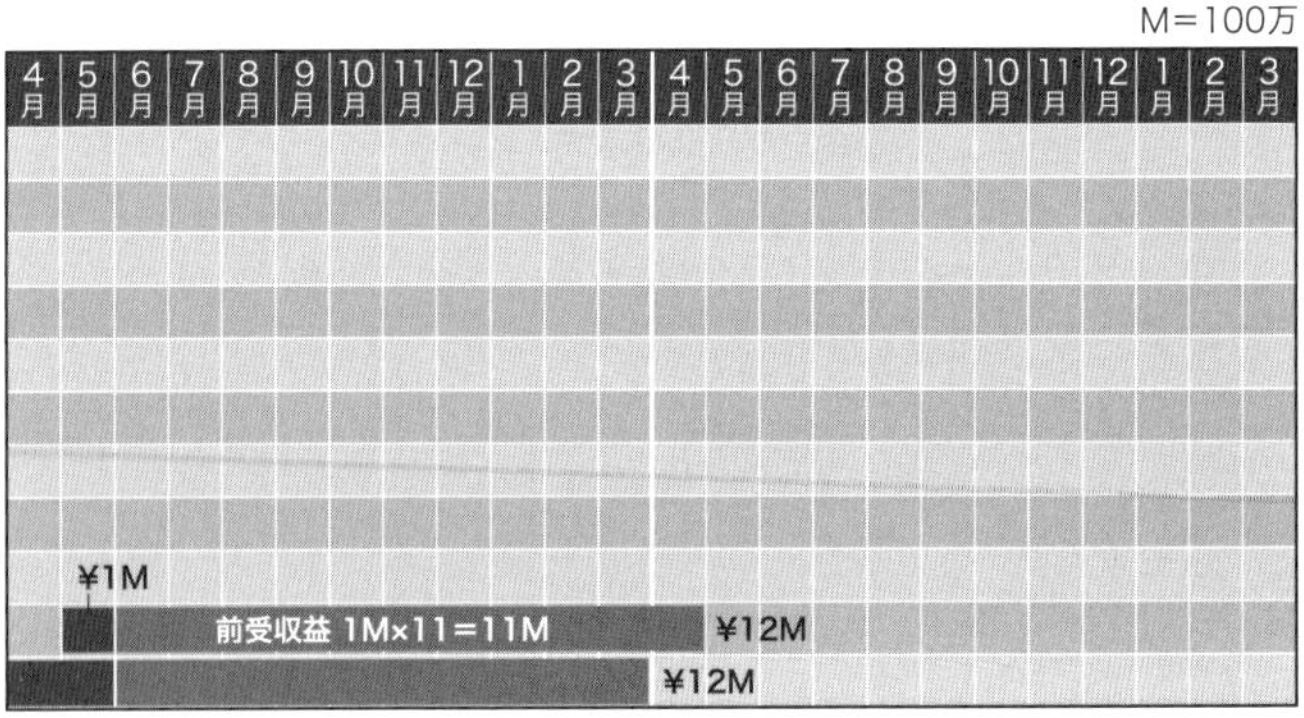


図表2-5　翌月の状況

次の月、また新規顧客を獲得しました。この新規顧客にも、契約月に年間サブスクリプション費用として１２００万円を支払ってもらいますが、先程と同様に11カ月分は前受収益となり負債に計上されます。この新規顧客の月の売上は１００万、前月から契約している顧客の売上と合算して、この月は２００万円の売上となります。前受収益は、前月受注分が1カ月減って1千万円、今月受注分が１１００万円なので、合計で２１００万円の負債となります。

以降の月も同様に、順調に毎月新規顧客を1件ずつ獲得していったとします。当月の売上はプラス１００万円、前受収益の負債がプラス１１００万円ずつ増えていき、前月までの各月の前受収益は１００万円ずつ売上に振り替わっていきます。これが1年間続くと、次のようになります。

・現金（資産）
１２００万円（年間）×12＝1億４４００万円

・売上（収益）
１００万円＋２００万円＋３００万円＋４００万円＋５００万円＋６００万円＋７００万円＋８００万円＋９００万円＋１０００万円＋１１００万円＋１２００万円＝７８００万円

・前受収益（負債）
1億４４００万円（現金）－７８００万円（売上）＝６６００万円

1年間の入金額は1億4400万円ですが、そのうちの当年度の売上に計上できるのは約半分の7800万円。負債にあたる前受収益は6600万円となります。これが初年度の収益構造になります。受注金額に対して初年度は売上が小さく見えます。約半分が収益、残り半分が負債となるので、図表2-6のグラフの左側の売上は三角形になっています。

## 2年目は売上の三角が四角になる

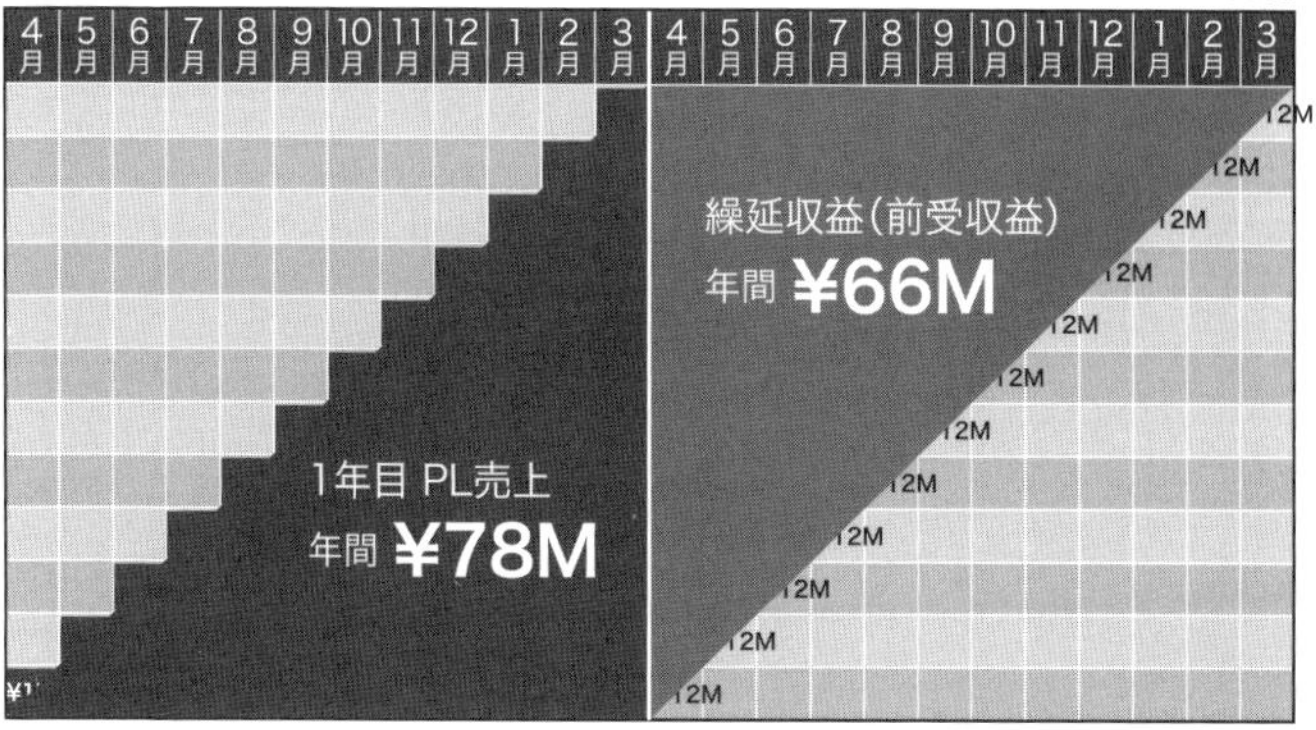


図表2-6　１年間の推移

しかし厳しい初年度の次からは、収益構造に変化が起こって売上が増えていきます。初年度に契約してくれた顧客がすべて、翌年度も継続利用した場合を考えてみます。新年度分の年間契約が月に１００万円ずつ売上に計上されて、残りは前受収益となるのは同様です。しかし、前年度分の前受収益が1カ月ごとに売上に変わっていくので、図表２-７で見ると2年目は売上が三角ではなく、四角形になっていき、売上はトータルで1億４４００万円になっていくのです。つまり新しくお客様を開拓しなくても、すでに受注済みのお客様の売上が、決算上は初年度

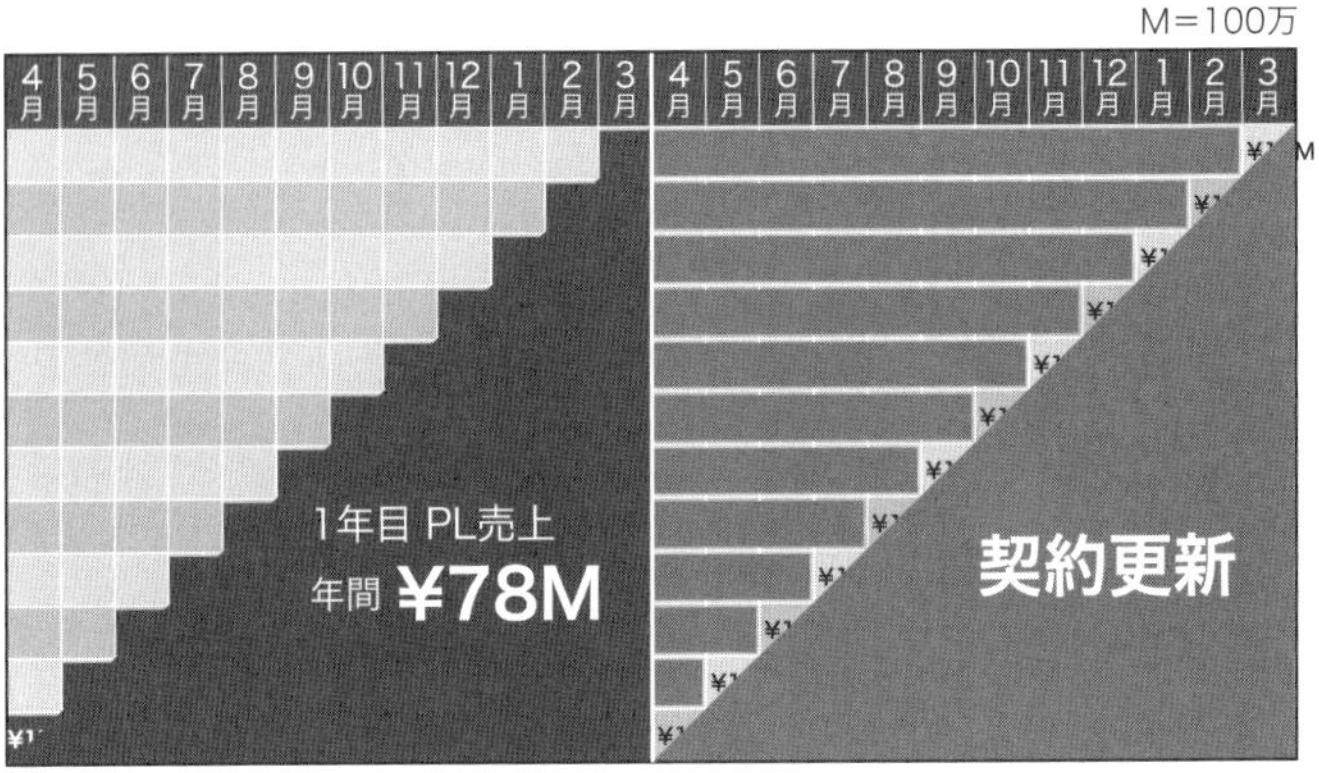


図表2-7　2年目契約更新

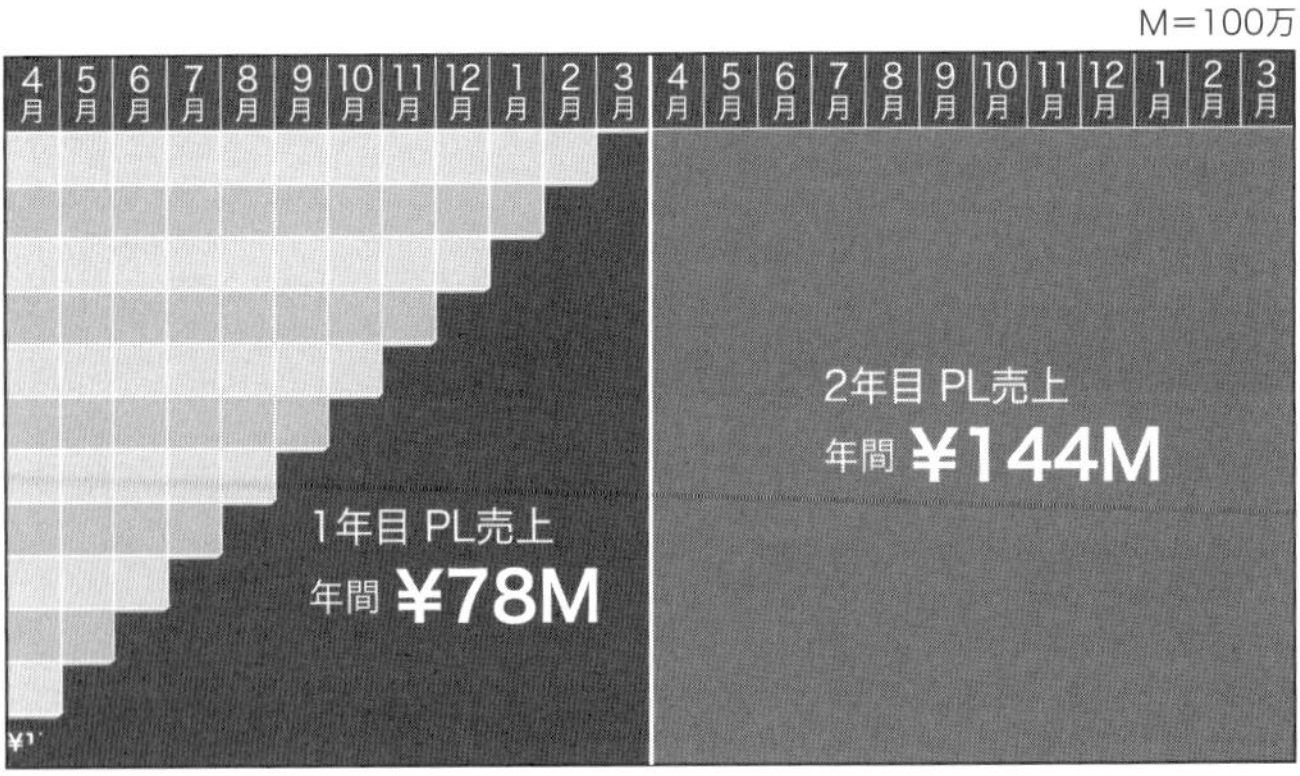


図表2-8　２年目以降の収益構造

７８００万円、次年度１億４４００万円と倍増することになります（図表２-８）。

これが

**【公式②】　年間売上＝新規契約金額×約１/２＋前年度売上高**

の実態です。

もし従来型の一括受注型のモデルで同様の契約を受注し納品していたとしたら、理論的には６０００万×12社×の７億２０００万円をすべて売上として計上できていました。ただし、この場合はすべて異なるシステムをゼロから開発することになるので、リソースと納期の面から現実的には、ほぼ不可能です。

サブスクリプションの場合、前述の通り７８００万円の売上と、最初の年は売上が小さく見えますが、初年度に受注したお客様すべてが5年利用してもらった場合の売上の総額は、一括受注型の受託開発の場合と変わりません。単純な売上比較をすると「売上」が小さく見えるサブスクリプションの罠がそこにあります。

なお受託開発で売上を伸ばすためには、翌年から新しい顧客をゼロから獲得して納品するために、マーケティング、営業、新規開発のためのリソースを成長に合わせて追加投入する必要があります。

それに対し、サブスクリプションは、仮に三角形の新規顧客が前年度と同じペースで増えていったとすると、マーケティング、営業などの新規獲得のリソースは前年度と同じで足りることになります。その場合でも前年度からの繰延による四角形の売上にプラスして、三角形の売上が追加されていくので、必ず右肩上がりの売上が保証されているビジネスといえます。

しかも提供しているサービスは同じものなので、まったくゼロからの新規開発の必要がありません。もちろん、アップデート、保守などの運用コストや顧客のサポート

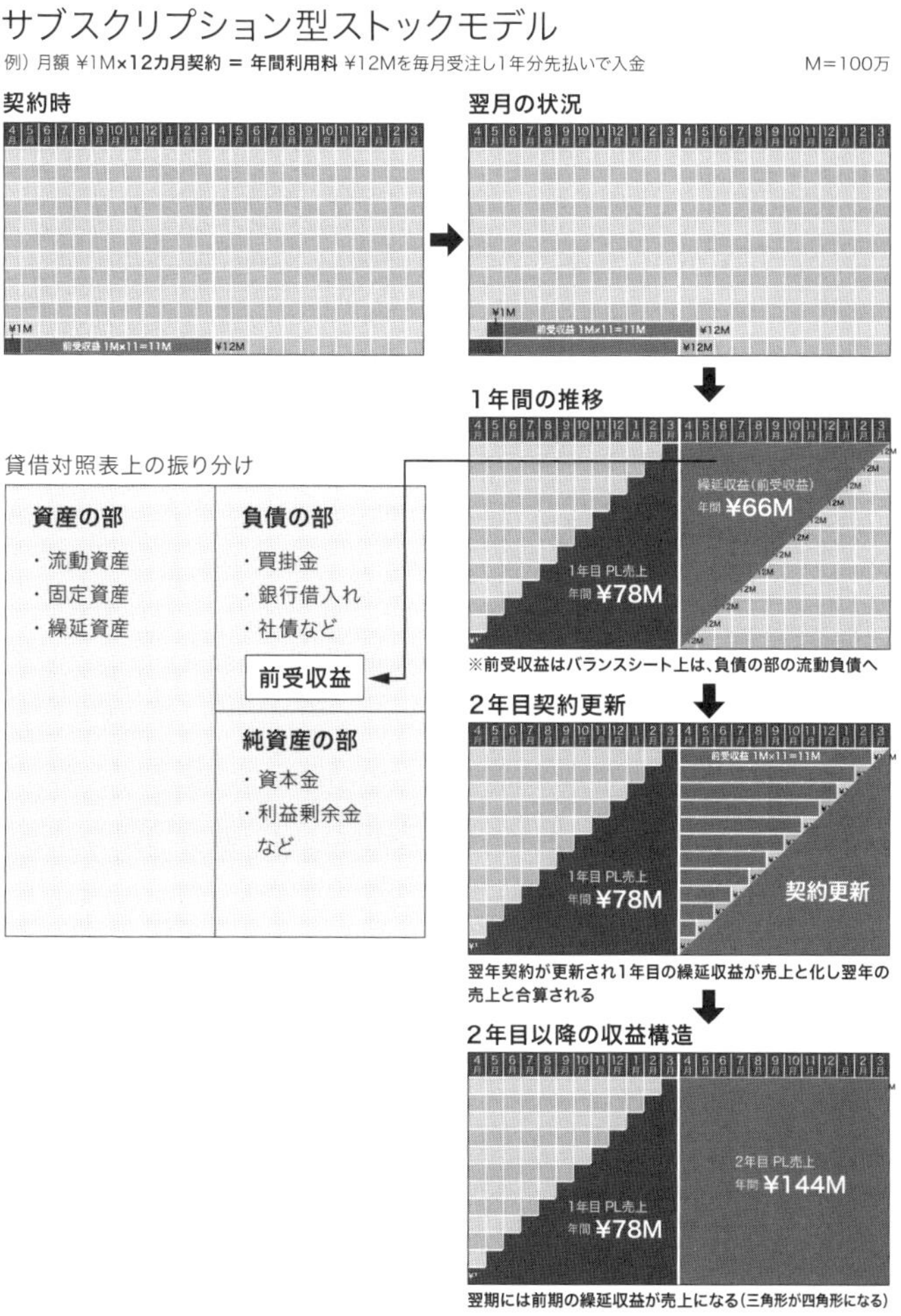


図表2-9　サブスクリプションの収益フロー

費用、営業活動に費用がかかりますが、受託開発に比べコストを平準化することが可能になります。

チームスピリットの場合、企業システムのクラウド化の波や働き方改革の波、さらには「2025年の崖」問題（後述）など大きなビジネスチャンスが広がっているために、リソースの拡大を急ピッチで進めていますが、一般的には現在の人員を大幅に増やさなくても継続的に機能の拡張はできるので、結果的には安定的で利益率の高いビジネスといえます。

## 新規売上にフォーカスすれば全体が伸びる

サブスクリプションでは、入金された金額がその月の売上になるわけではなく、期間に応じた売上（1年契約＝1200万、月の売上＝100万円）が積み重なり、年度を超えると前年の前受収益が売上に振り替わり（三角形が四角形になり）、継続的に売上が積み重なっていくという説明をしてきました。

**当年度新規売上＝前年度新規売上×成長率**

$$\text{当年度継続売上}=\left\{\left(\frac{144}{78}\right)\text{前年度新規売上}+\text{前年度継続売上}\right\}\times\text{継続率}$$

---

これをもう少し細かい式に表すと上記のようになります。

実際にこの式によって積み上げの計算をすることで、ある程度将来の成長を見通すことができます。サブスクリプションの成長は当年度の新規売上（図表２-６のグラフの左の三角の部分）にかかる成長率がカギであることがわかります。

受託開発のように毎年ゼロから売上をつくり、それを大きく成長させるのは大変です。サブスクリプションなら理論上は、**新規売上（三角の部分）を成長させれば、結果として全体もほぼ同じ率で成長する**ことがわかります。つまり翌年度のサブスクリプションの合計売上を１・５倍にするためには、新規売上（三角の部分）を1・5倍にすればよいことになります。

このことはサブスクリプションのビジネスモデルの利益率が高くなることにもつながります。

またTeamSpiritのように、1社当たりではなく利用者1人当たりで課金する方式の場合、売上はお客様の従業員数（ユーザー数）に比例し、コストは社数に比例するという特性があります。顧客数を伸ばす方法の解説でも触れましたが、私たちは、1社当たりの従業員が多い企業をターゲットにしているので、大手企業の受注が増えるとさらに利益が増えることになります。ここ数年の傾向としてライセンスの伸びは1・5倍、社数の伸びは1・3倍のペースで成長していますが、この差が高利益体質を作ります。

ここまでは高利益体質になるということの説明でした。サブスクリプションビジネスは急成長するといわれていますが、それはどのように実現できるのでしょうか。

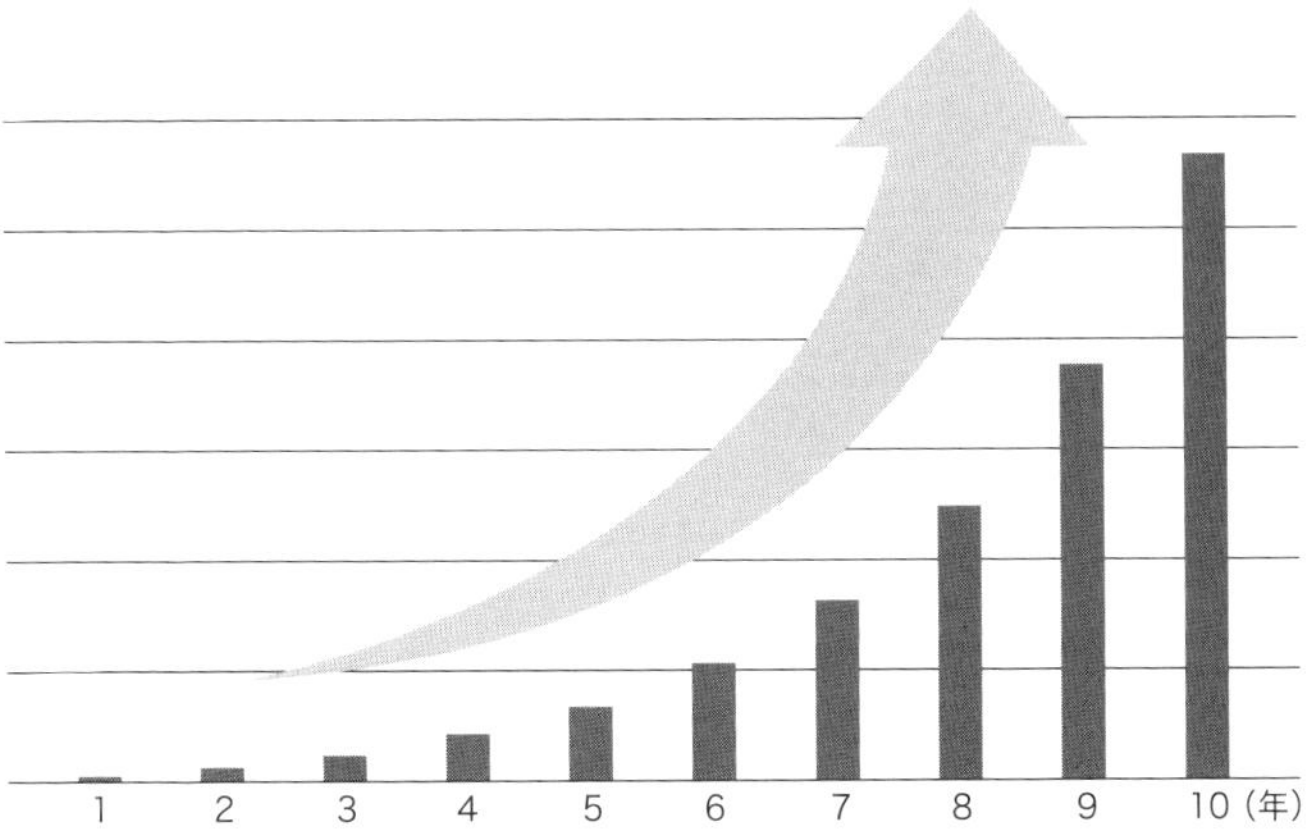


図表 2-10　売上の飛躍的な成長（イメージ）

それは**高利益体質で獲得した利益を、明日をつくるための投資へ振り向ける**ことに尽きます。

投資には、たとえばサービスの認知度を上げ、リードを獲得するためのマーケティング投資や、営業人員の増員、既存のお客様の満足度を高めるカスタマーサクセス活動などが含まれます。もちろん常に進化するプロダクトの開発なども挙げられます。

つまり既存のお客様の解約を防ぎながら、新規顧客の獲得施策に投資することで三角形部分の伸びを増やすということです。ＳａａＳ／サブスクリプションなら時間が経過すればするほど投資金額は増え、回収までのスピードが速くなるという好循環が実現できます。

実際のチームスピリットのこれまでの経験から見て、サブスクリプションの成長スピードはいわゆる「複利」の効果に近い数字を実現できます。そうなると売上の伸びは、直線的な右上がりではなく、グラフ（図表２-10）のような飛躍的な成長カーブを描いていきます。

## サブスクリプションは先行優位のビジネスモデル

サブスクリプション収入の積み上げで経営が安定すれば、より大型顧客を獲得するための導入サポートや機能追加にリソースを投入するなどの新規の投資が可能になります。同時に、既存顧客を維持するためのニーズ把握や運用サポート、コミュニティ形成などにも注力できるようになります。この段階まで進めれば、サブスクリプション型のビジネスモデルで安定と成長を同時に実現できるのです。

カスタマーサポート活動の充実でより多くのお客様からフィードバックを得られます。それをもとに、新機能を追加し、より使いやすくするためのアップデートを数年間継続するなど、シングルソース・マルチテナントのシステムを磨き上げていくことで、サービスの価値や品質が高まっていきます。TeamSpiritのような業務システムの仕様には、決まった正解があるわけではありません。お客様の数だけ異なる仕様が内在されています。このような要件を先行して数多く集めることにより、他社には真似のできないサービスがつくれます。

また、継続利用により顧客に提供できるもう一つの価値がデータの活用です。データは料理の材料のようなもので、蓄積するデータの量が豊富になるほど多方面からの分析が可能になり、より高度な分析ができるようになります。この分析結果からヒントを得て業務改善につなげることも可能です。

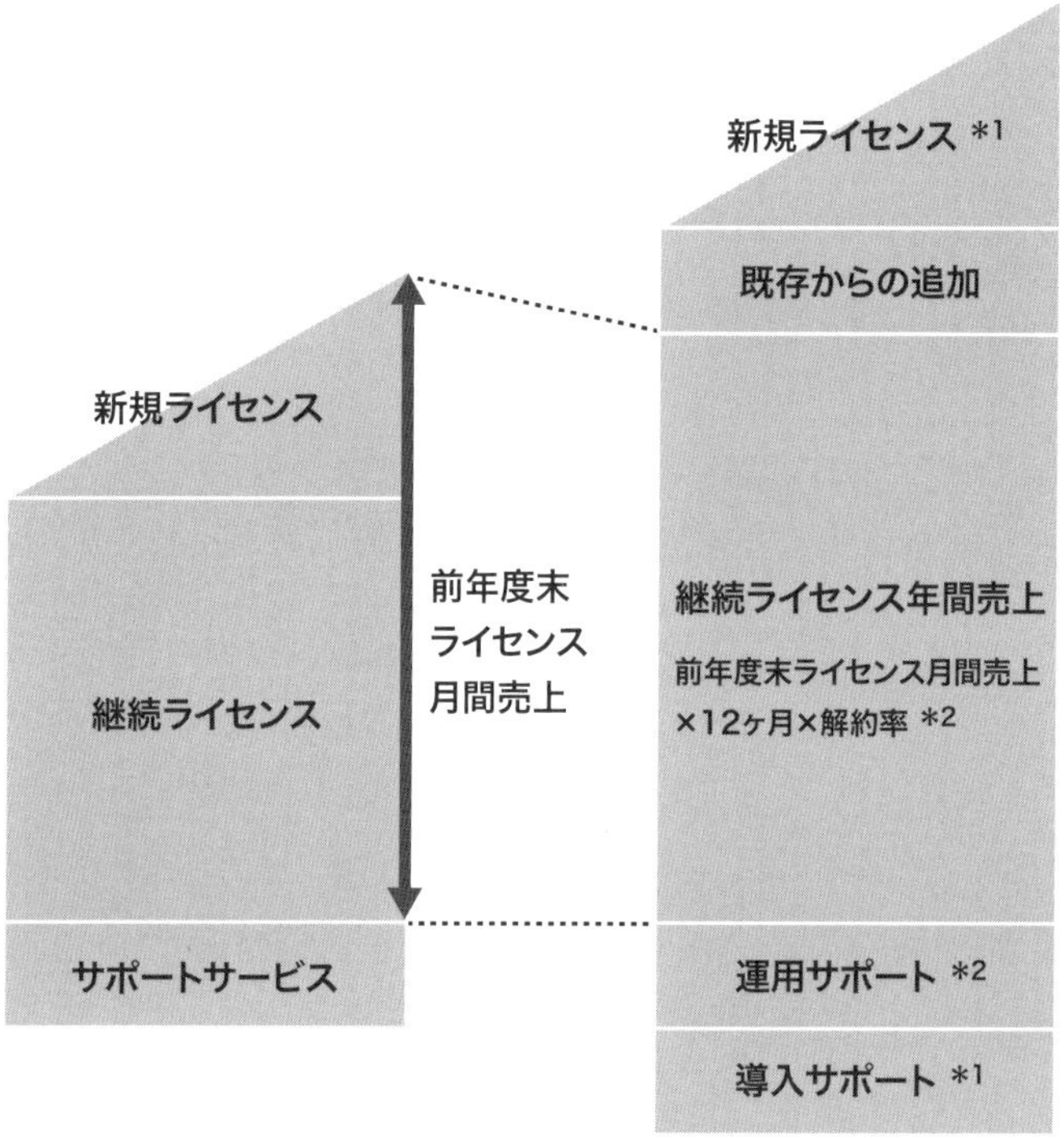


**＊1 規模と数量拡大への対応**
- ・販売方法の革新
- ・大型顧客に対する機能強化
- ・スムースな導入サポート

**＊2 既存のお客様の満足度向上**
- ・運用のサポート
- ・コミュニティ構築
- ・継続的な機能向上

図表 2-11　安定と成長を同時に実現

仮に、後発の競合企業が同じような機能を提供しようとしても、最初の数年間は収益が厳しいのが実情です。一方の先行企業は、安定した収益を投資に回してどんどん機能を強化していくので追いつくのが難しく、その差は縮まるどころか開いていくことになります。つまり**サブスクリプション型モデルは、先行企業ほど収益を上げていきやすいビジネスモデル**なのです（図表２-11）。

２０１９年にサブスクリプション元年という言い方がメディアを賑わせましたが、この元年はそこから始める元年ではなく、すでに６、７年前から動いていた企業が収益を伸ばし、大きく成長して顕在化してきた時期を意味しています。ここにきてサブスクリプションで成功する会社が目立ってきたことから、市場関係者にもサブスクリプションは収益が期待できると認識され、受け入れられるようになったのです。

## 経営管理の難しさと参入障壁

ここまでサブスクリプションの収益構造に関して説明してきました。簡略化して紹介したので、簡単にできそうに思われるかもしれません。しかし実際には、月の途中で加入した売上や前受収益の日割り計算を行ったり、毎月前受収益金の売上振替が発生したり、さらに月次でも年度決算と同じようなオペレーションが必要になるなど、経営管理上は一筋縄ではいかない課題があります。さらには月の売上が１００万円しかない初期の段階から、億単位の開発費が必要です。それを実現するための資本力も求められるので、サブスクリプションビジネスの参入障壁はきわめて大きいといえます。しかし、こうしたマネジメントの複雑さや投資負担を乗り越えれば、大きな果実が得られるのです。

私たちが２０１１年からサービス提供を開始して、２０１８年に上場したのも、まさにこのサブスクリプションの特長を活かして利益が出せるようになったからなのです。サブスクリプションに切り替えたアドビシステムズも最初の数年間は大きく売上を減少させ、本当にこの戦略でよかったのか、ステークホルダーから責められたこともあったそうです。しかし、数年過ぎた２０１８年度通年の収益は過去最高となる90億３０００万ドル、前年比24％増となりました。今後はさらに収益が伸びていくことは間違いありません。*

## サブスクリプションの「隠れた価値」

次は資産に関して踏み込んで見てみましょう。サブスクリプションモデルの資産構造は、賃貸不動産の事業と比較すると特徴が見えてきます。こちらも便宜的に、40億円を投資して耐用年数が40年の賃貸マンションを新規に建設した例で説明します。建設されたマンションは「有形固定資産」として帳簿に記録されます。会計上の考え方では、建設にかかった40億を一気に費用として計上するのではなく、40年かけて40億円というマンションの価値を減らしていく、つまり毎年1億円ずつマンションという有形固定資産を減価償却していくという考え方をします。

この場合は、減価償却する年間1億円の費用プラス必要経費を上回る売上があれば

＊ https://www.adobe.com/jp/news-room/news/201812/20181214-q4earnings.html

利益はプラスになります。こちらもわかりやすくするために単純化して表すと、マンション全部屋の1カ月当たりの減価償却を除いたコストが４４００万円だと仮定すると、年間の家賃収入が1億４４００万円以上（1カ月当たりの家賃収入が１２００万円以上）になれば利益の出る事業になります。

先ほどのサブスクリプションの課金方式と収益構造は似ていますが、企業評価の参考にされる財産状態はかなり異なってきます。不動産の場合は、当初かかる建設費用の40億円については、通常は現金で一括で払うのではなく、銀行で借り入れるなりして用意します。その40億円を使ってマンションという有形固定資産ができますから、決算書では貸借対照表の資産の部に入り、40億円の負債金額も記載されます。つまり資産の状況を財務諸表にすべて表すことができるのです。

一方、クラウド上にあるソフトウェアの場合、会計上は資産として存在しないものという捉え方をするため、資産には計上されません。パッケージとしてＣＤにソフトウェアのプログラムをコピーして販売している場合は、そのパッケージ本数分が在庫として資産計上されるのに対して、**クラウド上にソフトウェアがある場合は、資産と認識されない**のです。ですから、チームスピリットの決算書類には、ビジネスの核であり売り物であるTeamSpirit本体は表れていません。実際はマンションと同じように、収益の核となる資産（TeamSpirit本体）があり、利用している人が利用期間分その利用料を支払っているのですが、会計上、その財産状態は同じ構成にはならないのです。

この結果、**貸借対照表を見たときに、サブスクリプションモデルの事業は頼りなく見える**ことになります（図表2-12）。クラウド上のソフトウェアを貸借対照表の資産として計上できるならば、核となる資産が存在しているので、経営が安定していることが周囲に伝わりやすくなるのですが、会計のルールに従うと計上できないのですから仕方ありません。**未上場の企業であれば、前受収益となっている現金があるので、帳簿上は赤字でもその後の売上化を見越した投資ができます。**

しかし日本の株式市場の場合、市場に上場する（あるいは上場をめざしている）と

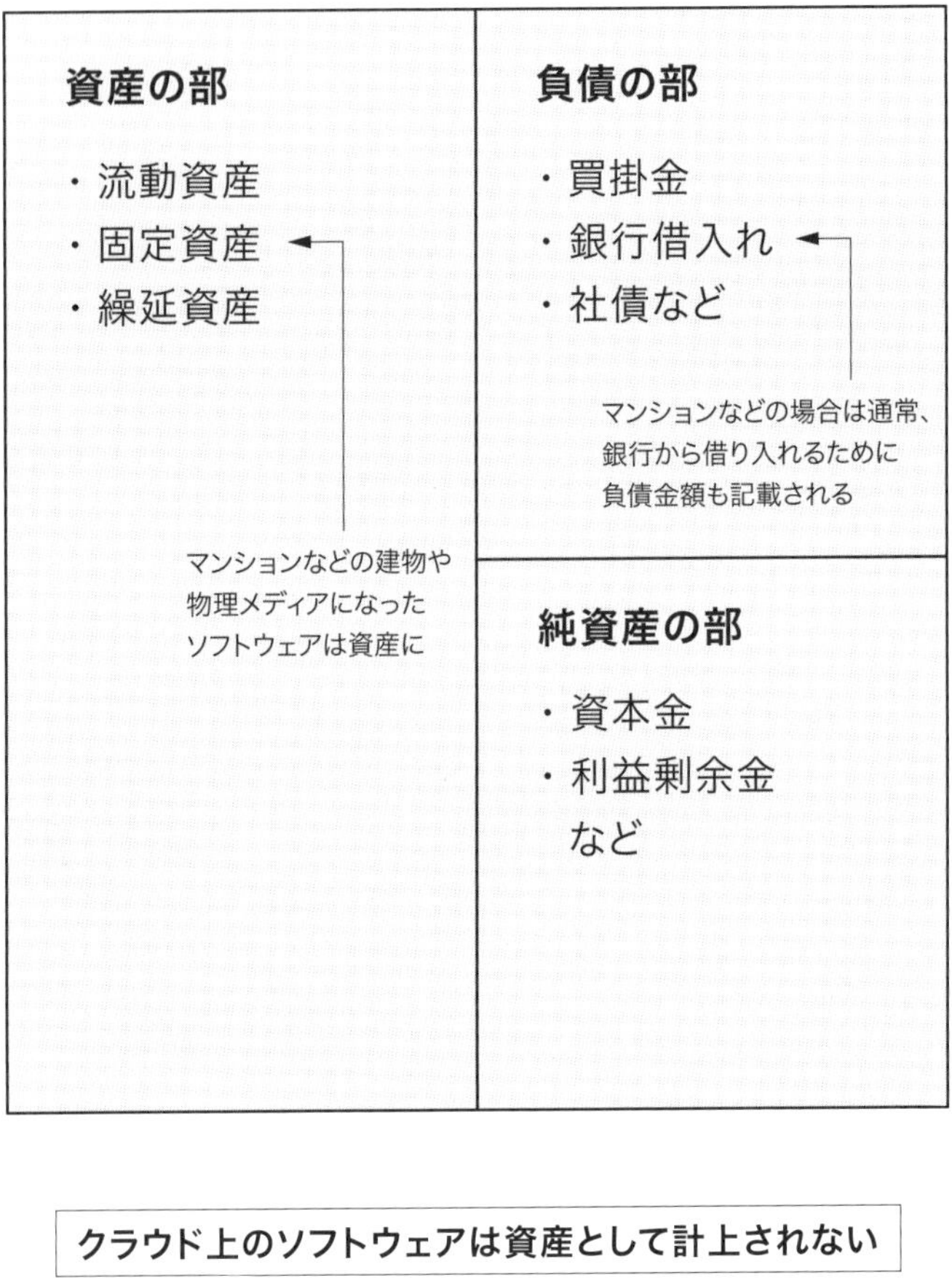


図表 2-12 貸借対照表上の振り分け

赤字に転落することは基本的にはマイナスとみなされるので、たとえ現金があっても、決算上の利益が小さく見えるため、投資があまり歓迎されません。物品販売のような実態のあるモノを売買する事業を評価する感覚でチームスピリットの決算書類を見ると、資産がなく、利益も少ないので不安定な企業に見えることでしょう。仮に投資をして収益よりも費用が上回ってしまった場合、積み上げた現預金があったとしても、資産を超えて使いすぎれば債務超過の会社として見られてしまいます。上場前ならば債務超過があると上場が難しくなり、上場後であれば株主からお叱りを受けるうえ、上場廃止になってしまうので、どうしても短期の利益を追求する経営になるのです。

この状況を賃貸マンションにたとえてみると、収益を見込める物件なのに、コストを抑えるために40階建てではなく20階建てで建設するようなものです。つくれば売れて収益が見込めるマンションなのに、投資ができないという困った状況です。

こうした状況を打開するヒントになるのが**LTV（Life Time Value：生涯顧客価値）**です。サブスクリプション型モデルを資産として考えるための指標として、LTVは非常に重要です。次にLTVについて見ていきましょう。

## LTVこそが見えない資産であり、成長の源泉

LTVとは「1人の顧客が生涯にわたってどのくらいの価値を生み出すか」を示す指標です。物を販売しているならば、その顧客が生涯にわたってどのくらい自社の製品（あるいは特定の商品）を購入するのか、サービスを提供しているのであれば何回利用するのかを計算します。ただ、生涯というと長すぎるので、1年、5年といった単位で評価することもあります。

サブスクリプション型の事業モデルにとっては、LTVはサービスをどのくらいの期間継続して利用するのかという指標になります。当然ですが、1人の顧客がより長く利用してくれた方が、LTVが高まるので、収益が安定することになります。LTVがわかれば将来的な売上の予測が可能になり、どれくらいの投資ができるかを判断できるようになります。サブスクリプション型サービスにとっては、LTVをできる限り正確に計算することが、事業の成長を左右するといっても過言ではありません。

サブスクリプション型のサービスの場合、LTVは【公式③】で求められます。

**【公式③】 LTV＝月額（年額）の利用料金×1顧客の離脱までの平均継続期間**

LTVを上げるには、利用料金を上げるか、平均継続期間を延長するかのどちらかになります。利用料金を上げてしまうと、それが原因でサービスの利用を断念してしまうこともありますから、むしろ継続期間を長くするための施策として、サポートや機能のアップデートを考えることになります。

将来的な平均継続期間を求めるには、現在の**解約率**（**チャーンレート**と呼ばれます）をもとに計算することができます。まず解約率は次頁の左の式のように求められます。なお、解約率を求めるには、一定期間の事業の継続（1年など）が必要です。

平均継続期間は次頁の右の式で計算されます。今の顧客数を1としたときに、解約率で割って、顧客数がどのくらいの期間でゼロになるかを計算しています。

$$解約率=\frac{解約数}{顧客数}\qquad 平均継続期間=\frac{1}{解約率}$$

たとえば、年に5％の解約がある場合は、一般的に以下の式で計算されます。

1÷0・05＝20

つまり、継続期間は20年、20年経つと現在の顧客がゼロになるということです。

解約率が多い場合、その継続期間内で利益を出さないといけなくなります。たとえば、テレビCMを放映して、新規登録キャンペーンを開催したとします。一気に受注が増えるでしょうが、そのあとの解約率が50％まで上がってしまったら、継続期間は2年となります。2年で開発コスト、宣伝コスト、営業コストなどを回収したうえで利益を出さないといけなくなりますから、これでは受託開発と変わらないビジネスモデルになってしまいます。先程説明したように、サブスクリプション型の事業モデルは、その収益構造から経営的に安定するまで一定の期間を要します。そのため、いかに長く継続してもらえるようなサービスとするかが、サブスクリプションのビジネスにとって重要な経営課題となります。

## 解約率マイナスが理想の姿

BtoCサービスと違って、BtoBサービスは企業が利用するものですから、いったん導入した後は比較的解約率は低めになります。導入した企業のビジネス基盤を支えるサービスであれば、変更するための時間、コスト、労力がかかるからです。とはいっても、導入した企業が文句を言いながらも使い続けるような状況ではなく、サービス提供側は前向きに高評価で使ってもらえるようにサポートやアップデートで対応していかなければ解約率が上がっていきます。

めざすべきは解約率がゼロの状態、契約している企業がサービスをずっと使い続けてくれることです。さらに理想的なのは**解約率がマイナスになる状態＝ネガティブチャーンの状態**です。ネガティブチャーンになるには、次のようなパターンの組み合わせがあります。

1. 既存顧客が上位のサービスに切り替えるアップセル、別のサービスを追加契約するクロスセルが発生する
2. 既存顧客によるライセンス数の追加購入

1の上位サービスへの切り替え、別のサービスの追加契約によっても、次頁の式のように金額ベースでみた解約率は結果として下がることになります。これは理想的な状態です。2のライセンス数は、サブスクリプションを提供するときに、1社1ライセンスにするのか、利用者単位のライセンス数にするのかで変わります。特定の従業員のみが利用するような場合は、1企業に1ライセンスで十分なので追加は限られますが、全従業員が利用するようなサービスの場合は、従業員数が増えるとライセンスの追加が発生します。

$$解約率(金額ベース)=\frac{(\{解約契約額\}-\{追加契約額\})}{\{既存契約額\}}$$

利用者単位の課金でライセンスが増えるということは、それだけ顧客の会社が成長して、新たな従業員を雇っているという兆しですから、とても喜ばしいことです。顧客の成長がそのまま自社の収益にもつながるからです。

前述したように、新規顧客を獲得して売上をグラフで表すと、初年度は三角形になり、次年度以降は四角形になります。理想的なネガティブチャーンの状況になると、既存顧客のライセンス追加購入による収益の向上によって、四角形の面積が増えることになります。ライセンスに関しては新規営業しなくても売上が上がる状態になるということです。TeamSpirit は、東証マザーズに上場している企業の約15%が利用していますが、成長企業の導入が多く、契約時よりもライセンス数が増えていく会社がほとんどです。

このLTVの状態をしっかり認識できていれば、5年後、10年後を見越した投資が可能になります。チームスピリットの決算書を見てみると、同規模の売上の会社に比べ投資額が多いことがわかると思います。この理由は、将来の収益につながるサービスの開発に投資しているからなのです。一見すると、費用が大きくかかっていて利益が小さく思えますが、LTVを考えれば実際には5倍、10倍に成長すると見込まれる継続的な収益をテコにした思い切った投資が可能なのです。不動産ではマンションが将来の収益を生み出す資産となりますが、SaaSの場合はLTVに対応した、会計上には現れない無形のソフトウェアを資産として捉えているからなのです。LTVが見通せるなら、少なくとも前年の売上増加分は丸ごと投資してもよいというような判断ができます。

単年度の利益だけを見ると、受託開発に比べて小さくなりますが、使い続けてもらえる限り、長期間にわたってその何倍もの収益が見込めるというのがSaaS／サブスクリプションのビジネスモデルの強さなのです。

## セールスフォース・ドットコムの戦略からのヒント

サブスクリプションのビジネスモデルの強さに気づいたのは、セールスフォース・ドットコムの決算書を見ていたときのことでした。同社の提供するCRMのSalesforceもパッケージ販売ではなくクラウドサービスですから、サービスやソフトウェアが資産にならないのはチームスピリットと同様で、1年分の前受収益は負債として扱われています。

したがって前受収益の負債と銀行口座にある現金が膨らみますが、ここで現金を投資に使いすぎてしまうと、帳簿上の営業利益がマイナスになってしまいます。しかしセールスフォース・ドットコムの場合は、市場関係者や投資家、ステークホルダーへの発信を密にし、対話をおこなうことで損益計算書が赤字の時でも成長性を強調することで、市場の理解を得ようとしてきました。おかげで米国では、サブスクリプションに対する理解は進んでいます。

そして、売上を増やすために現金とLTVをテコとした高い株価を使い、M&Aで企業買収を行っています。現金を他社の株式に変えることで、その企業の売上が帳簿に連結の売上高として収益グループの勘定科目で計上できます。これにより、手持ちの現金を有効に使っているのです。**他社の買収により売上をつくるのもSaaS／サブスクリプションでは有効な手法**だと思います。

なお、前節で紹介した購入回数を増やすための施策である「カスタマーサクセス」は、セールスフォース・ドットコムが元祖です。これまでの営業ともサポート、メンテナンスとも異なる形で顧客と関わり続け、顧客と伴走しながら成長を支援するその体制がセールスフォース・ドットコムの強さになっています。カスタマーサクセスによる支援が顧客の成長につながれば、その顧客はSalesforceを使い続けます。カスタマーサクセスは、LTVにダイレクトに跳ね返ってくる施策ですから、セールスフォース・ドットコムがカスタマーサクセスに力を入れることはうなずけます。

先ほど、SaaSビジネスと賃貸マンションのビジネスモデルの違いについて比較しましたが、実はもう一点大きな違いがあります。

賃貸マンションの場合は、部屋数という物理的な制限があります。40階建てのマンションで100室ある場合、1室に1家族しか住めないので、100家族が賃貸可能な上限になります。申し込みがあっても、101家族目の収益は得られません。1室に長く入居してもらうことはうれしいですが、その間その部屋を他のお客様に貸し出すことはできません。ですから、物件を増やさない限り、継続率を高めることと、新規顧客を獲得することを両立させるのは難しいのです。サブスクリプション型のサービスでも、車やファッションアイテムなど、物理的なモノの貸し出しの場合は、モノの数の制限が発生します。

しかし、クラウド型のSaaSは、100室のつもりでつくっても、1000、1万とニーズがあればその分だけ提供できます。つまり、物理的な制限がないので、既存顧客を維持したまま新規顧客を獲得していくことができ、収益の向上の可能性は青天井なのです。私はこれが、SaaS／サブスクリプションビジネスの最大の力ではないかと考えています。

本章ではＳａａＳ／サブスクリプションのビジネスモデルについて説明をしました。サブスクリプションは事業が軌道に乗ると大きく成長が見込めるビジネスなのです。

サブスクリプション型のビジネスは、どの企業でも実践することができますが、どの領域の業務、サービスをサブスクリプション化するのかは、企業によって異なります。どんな企業でも経験に基づいた知見がありますが、それを個人の経験や組織の暗黙知に留めることなく、サービスに変えることができないか、という視点で考えてみるとよいでしょう。そこで、次章では「知見のサービス化」に関してＴｅａｍＳｐｉｒｉｔを例に、プロダクトの企画方法に関して考えてみます。

第3章

# SaaS／サブスクリプションのビジネス戦略

## TeamSpiritを、どうやって創造したのか

ＤＸの流れにのったＳａａＳ／サブスクリプションとして注目が集まっているＴｅａｍＳｐｉｒｉｔですが、そもそもなぜ、このようなサービスが生まれたのかを踏まえて、プロダクトのつくり方について、ポジショニングの観点からお話しします。

「企業の目的は顧客の創造である」とピーター・ドラッカーは言っています。プロダクトを考えるときにはお客様のニーズを集めてそれを形にするのではなく、オリジナルなサービスを自ら創造して、顧客の隠れていたニーズを掘り起こすことが必要で

す。もし顕在化しているニーズに焦点を当てれば、すでに類似のサービスはあるはずで、サービスが誕生した瞬間にレッドオーシャンに飛び込むことになります。

「TeamSpirit」は勤怠管理、就業管理、工数管理、経費精算、電子稟議、社内SNS、カレンダーなど、従業員が毎日使う社内業務を一つに結合したクラウドサービスです。TeamSpirit以前に、分野の異なるこのようなサービスを一つにした製品はありませんでした。私たちの成功によって似たような機能を組み合わせたサービスが登場してきましたが、真の競合にならないのは、このオリジナルを創造できるかどうかの違いが大きいと思います。それでは、TeamSpiritのオリジナリティはどのように考えられたのでしょうか。

## ERPのフロントウェアとしてのポジショニング

TeamSpiritは、単に勤怠管理や工数管理、経費精算のような機能を提供するだけでなく、最終的にERPに取り込まれる一歩手前でデータを収集し、さまざまに活用する機能、つまりＥＲＰのフロント領域を押さえることをめざしました。詳しく説明しましょう。

かつては勤怠管理や工数管理、経費精算のような各種業務ソフトは、社員一人ひとりにデータを登録させ、最終的に経営に関する業務データを一元管理するＥＲＰにデータを取り込み、給与計算や原価管理、会計処理を行うための入力機能として存在していました。したがって勤怠管理と工数管理や経費精算の生のデータをかけ合わせて分析するようなことは行われていませんでした。

のちに大手企業を中心に、労働時間と工数を合わせることで正確に労務費を原価として計測したり、個別の原価の中に出張費を反映したりさせるなど、内部統制を目的として勤怠管理や経費精算、工数管理を組み合わせた管理機能を、ＥＲＰの標準機能にアドオンする形で追加開発が行われました。しかしその目的はあくまでも内部統制のためなので、それぞれの生データを組み合わせて分析するようなことはなく、ＥＲＰに取り込んだ後の定型的なデータを使い、締め後のタイミングで整合

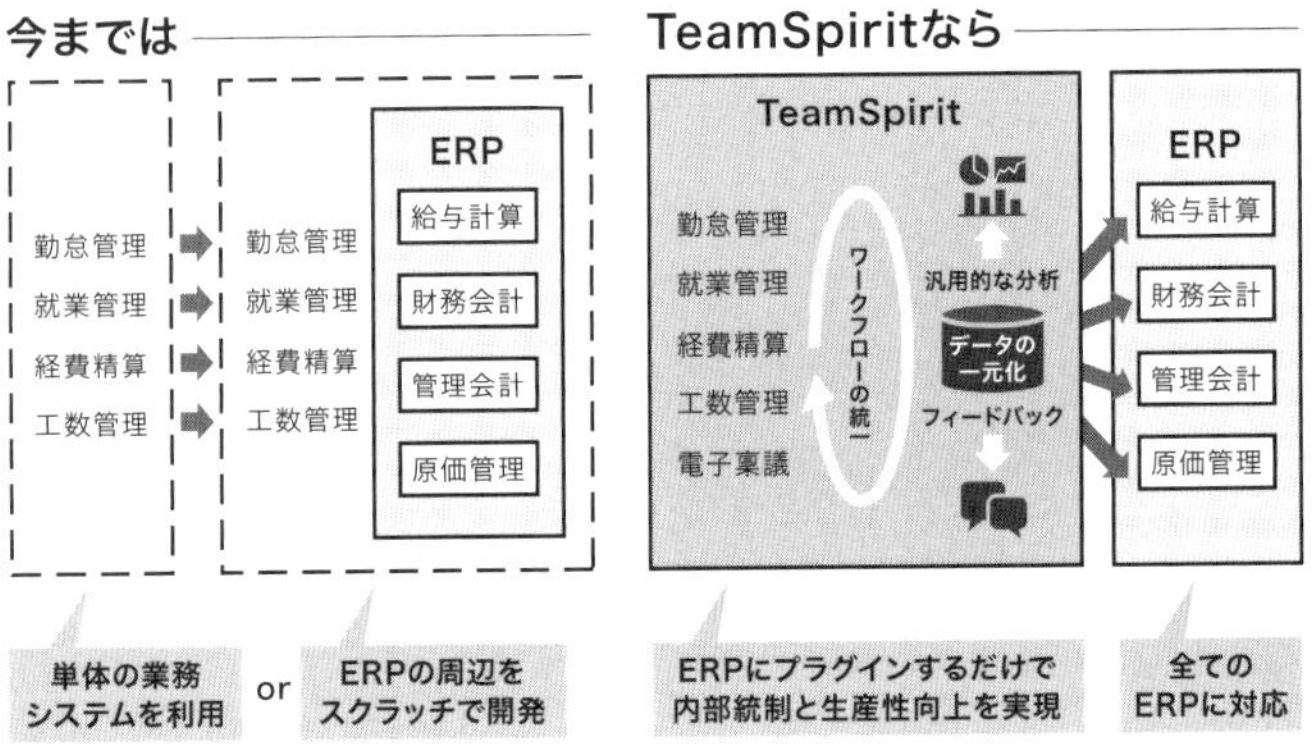


図表 3-1　ERP のフロントウェア概念図

性のチェックを行うことになり、前月のデータを見てこれからの方針を決めるような運用になっていました。さらに各種業務ソフトがバラバラのため入力時の操作性が統一できず、非効率でした。

TeamSpiritの場合、勤怠管理や工数管理、経費精算など業務別のシステムではなく、一つの製品の中に共通のワークフローとして組み込込んでいます。これによりERPに入力する前にTeamSpirit内でリアルタイムに内部統制上の整合性を確認することができます。一つに結合された製品なので操作性や各種の設定作業が統一されています（図表3-1）。

結果として利用者の勤怠や休暇の取得のような勤務状況、工数として登録する業務内容や出張など経費の使用状況のように日々のワークログといえるようなデータが自然と蓄積できるようになったため、働き方がリアルタイムに見えるようになり、生産性を向上させるための分析ができるようになりました。必要なタイミングでＥＲＰにデータをインポートすることで、従来通りのデータ入力の機能として使うことも可能です。データの登録や分析をＴｅａｍＳｐｉｒｉｔ内で完結してそのデータをＥＲＰに渡すことができるので、文字通りＥＲＰのフロントウェアとなりました。

## SoR、SoEの時代

最近、システム設計において着目されている考え方として、**SoR（Systems of Record）**と**SoE（Systems of Engagement）**という概念があります。これは、『キャズム』などの著書で有名なジェフリー・ムーアが『System of Engagement and The Future of Enterprise IT』というホワイトペーパーで提唱した考え方です。このホワイトペーパーでは従来のエンタープライズＩＴシステムをＳｏＲ、新しいエンタープライズＩＴシステムをＳｏＥと定義しています。この二つを分けて考える理由は、システムに求める要件、運用などが異なるためです。

ＳｏＲは、ＥＲＰに代表される基幹系システムで、大量なデータを正確で安心・安全、安定的に処理します。企業戦略と密接に連携するために、システムの改造などはシステムごとに必要になります。

ＳｏＥは、消費者や従業員などユーザーとつながったシステムで、マルチデバイス対応、セキュリティ対策、最新ブラウザや異なる種類のスマートフォンへの対応、優れたＵＩ／ＵＸ、操作性の向上、人の感覚に追随するスピードなどが求められます。自社でスクラッチで開発したシステムでは、頻繁に発生するブラウザやスマートフォンのバージョンアップに合わせて保守作業をすることは、各企業ごとに対応する必要があり、負担が大きいのですが、ＳａａＳならお客様のためにサービス提供会社が負担して、システムがリアルタイムに追随していくので、結果として高度な情報セキュリティ対策が実現できます。

基幹業務を司るＥＲＰのように大量のデータを正確かつ安心・安全、安定的に処理することを求められるサービスに、マルチデバイス対応で優れたＵＩ／ＵＸを実現するのはとても負荷がかかり、場合によってはサービス提供のスピードに影響を与えることも考えられます。それは、異なる概念のシステムを一つのシステムで実現することはエンジニアリングとして困難なためです。そこで筆者はＳｏＲのサービスとＳｏＥのサービスは分離して、システム連携することでそれぞれの強みを活かす方法が望ましいと考えています。

この考え方に従えば、中央集権型のＥＲＰはＳｏＲでオンプレミス環境において構築、ＥＲＰに連携する分散型の業務システムはＳｏＥとしてクラウド環境で構成するというハイブリッドな方法も十分成り立つと考えています。

多様な企業が存在する中、一つのERPですべての企業の業務に対応するには無理があるため、今までカスタマイズの量が大きくなりがちでした。また海外製品が多いERP業界では、日本の労働法制や短距離交通費の精算の仕方などに対応していないものもあります。しかしこれからは、基幹システムとして最適なERPに、フロント機能としてTeamSpiritのようなクラウド上の汎用的なサービスを組み合わせることで、個別の企業ニーズに合わせた柔軟なシステム構成がとれるようになります。

こうしたシステム環境の変化により、ERPのメーカーに縛られることなく、従業員にとって使いやすく、UXに優れたクラウドサービスを組み合わせて活用するような構成が増え、DX推進の後押しになるでしょう。

## クラウドERPとのポジショニングの違い

ERPは従来のオンプレミス型だけでなく、クラウド型のものも登場してきています。ERP市場の現状を振り返りながら、TeamSpiritがクラウド型ERPとどう違うのか、最後に簡単に触れておきましょう。

ERPはSAP、オラクルなどが販売する大企業向けの高額な製品もあれば、オービックなどが提供する中小企業向けの製品もあるという、すでに実績のある製品がひしめいているレッドオーシャンです。ただ、昔から提供されているERPはレガシーシステムで、オンプレミスで提供されており、導入企業の要件に合わせてカスタマイズされていることが多く、運用が煩雑でなおかつメンテナンスコストが高いという負の側面がありました。このERPの利便性を高めるというアイデアから、クラウドサービスとしてSoE部分を強化したERP機能を提供するような動きもあります。しかし前述の通りSoRとしてのERP機能だけでも複雑に機能連携しているうえ、さらにSoE部分を強化することはあまりに戦線が拡大するため、私たちは選択しませんでした。

またERPは、社長が経理担当を兼務するような個人経営の会社から、国際会計基準を使い海外との連結会計を必要とするような大企業まで、企業規模ごとに求められる要件が異なります。しかし、そのフロント機能だけに限定すればすべての企業規模と業種に対応することができます。

そのため、私たちの場合は、ERP市場に入ることなく、どんなERPとも連携してデータを渡せるフロントウェアとしての立ち位置をとりました。工数管理、経費精算をはじめとした、従業員が自身で行う複数の事務処理を一つにまとめることでオリジナルアイデアのサービスとなり、ERPのフロントウェアというカテゴリーで勝負できるのです。

この、ERPそのものではなくERPを使いやすくするフロント機能をプラグインで提供するというポジショニングが受け、後述する「2025年の崖」といわれるERP刷新にともなう技術者不足の時代に利用者数が増えているのです。

TeamSpiritがめざすERPのフロントウェアの他にも、①業種・業務に特化したＥＲＰ、②汎用的でフロント領域が充実したクラウドＥＲＰ、③勤怠管理や経費精算など機能特化型の入力システム、というように多様なポジションが考えられます。このポジショニングは今後の市場の広さを決定づけ、開発に必要な体力にも影響するので慎重に決めることが重要です。ただポジショニングを考えるにあたっては、会社のミッションとの整合性がとても重要となります。その点は後で触れたいと思います。

《コラム》

## 経産省が警鐘を鳴らす「2025年の崖」

平成30年5月に経済産業省は「デジタルトランスフォーメーションに向けた研究会」を発足し、同年9月に『DXレポート～ITシステム「2025年の崖」の克服とDXの本格的な展開～』として報告書を公開しました。*

このレポートでは、「あらゆる産業において、新たなデジタル技術を使ってこれまでにないビジネスモデルを展開する新規参入者が登場し、ゲームチェンジが起きつつある。こうした中で、各企業は、競争力維持・強化のために、デジタルトランスフォーメーション（DX：Digital Transformation）をスピーディーに進めていくことが求められている。」とDXの必要性を説いたうえで、

ＤＸを阻む「2025年の崖」についても言及しています。そこにある「崖」とは何でしょうか。レポートの中では次のようなことが指摘されています。

ＤＸを実行するうえでの経営戦略における現状と課題として

> ＩＴシステムに、技術面の老朽化、システムの肥大化・複雑化、ブラックボックス化等の問題があり、その結果として経営・事業戦略上の足かせ、高コスト構造の原因である「レガシーシステム」となり、ＤＸの足かせになっている状態（戦略的なＩＴ投資に資金・人材を振り向けられていない）が多数みられる。

と指摘しています。

＊ https://www.meti.go.jp/shingikai/mono_info_service/digital_transformation/20180907_report.html

これを解決すべき情報サービス産業の抱える課題として、次の二点が挙げられています。

**人員の逼迫、スキルシフトの必要性**

・近年は技術者の不足感が強まっており、急な人員増やスキルシフトへの対応は困難になりつつある。これは、構造問題であるため、人員確保の短期的な解決は難しい状況

・他方で、ＤＸを推進するためにはＳｏＲ、ＳｏＥ両方のバランスをとることが求められ、そのためのＩＴエンジニアのスキルシフトが必要とされる

このレポートの「課題が克服出来ない場合、最大で12兆円の損失」という表現は、日本のＩＴ業界にショックを与え「２０２５年の崖」という言葉が話題に登るようになりました。

ではなぜ、２０２５年なのでしょうか？

その理由としてレポートでは、２０２５年にＩＴの人材不足が約43万人にまで拡大することや基幹系情報システム（ＥＲＰ）のＳＡＰの現行バージョンのサポート期間の終了があることなどを挙げています。

Ｙ２Ｋ問題がクローズアップされた２０００年以降、多くの大企業がＳＡＰをはじめとするＥＲＰの導入を進めました。そのうちの多くが企業の要件に応じてカスタマイズされていきました。その後20年以上にわたる保守、改修によって、システムはどんどん複雑化、ブラックボックス化してしまったのです。現在、古いシステムはサポート期間の終了によって、新しいシステムへの置き換えを迫られています。経済産業省のレポートの指摘にもあるように、システムを効率化するためには、従来のような複雑化したシステムを再構築するのではなく、業務そのものを見直し、システムの標準に適用させるような方法が必要になるのです。

システム移行のためには、基幹システム構築のノウハウがわかる技術者が必要になりますが、わが国のIT市場において基幹システムの移行が可能な技術者の数は足りていません。少ない人材の奪い合いになり、人手が足りなければシステム移行、インテグレーションに時間がかかる、あるいはできないといった事態になってしまいます。

こうした状況から、大手企業は身軽なシステムへの刷新を検討し始めています。基幹系システムについては、長年の改修を重ねて老朽化したシステムを、クラウド対応の最新システムに刷新する動きもある一方、そうした全面的な移行は、費用も人材もかかることから段階的に移行する企業もあります。

レポートではＤＸ実現に向けたITシステム構築におけるコスト、リスク低減のための対応策として次のことにも触れています。

**協調領域における共通プラットフォームの構築**

協調領域については、個社が別々にシステム開発するのではなく、業界毎や課題毎に共通のプラットフォームを構築することで早期かつ安価にシステム刷新することが可能である（割り勘効果）。ニーズのある領域を見極め構築することをめざす。

大手企業のこうした移行は、基幹系システムに連携する業務部門の現場のシステムを新たに導入するチャンスにもつながります。TeamSpiritにとっても、「2025年の崖」をきっかけに、大手企業への導入が期待されます。当初TeamSpiritは、大手企業をターゲットにしていませんでした。大手企業がERPのアドオンでおこなっている業務の分析や内部統制と同等の機能を、中堅企業に提供することで、「ITの民主化」（特定の人だけでなくすべての人が利用できること）を実現すること目指していたのです。

しかし、今ではＴｅａｍＳｐｉｒｉｔの方が、大手企業が個々に開発するシステムを機能的に上回ったこともあり、大手企業の導入実績が増えています。早くからＥＲＰのフロントウェアとして改善し続けてきたことにより、当初は考えていなかった「２０２５年の崖」を、チャンスにすることができたのだと思っています。

経済産業省が警鐘を鳴らす基幹システムの技術者不足によって、協調領域における共通プラットフォームの構築が必要になるという予測に立てば、私たちだけでなく「２０２５年の崖」はＢtoＢのＳａａＳプレイヤーにとってビッグチャンスといえるのです。

# 第3部

# DX時代の働き方・生産性・創造性

第4章

# なぜ「働き方改革」のためにDXが必要なのか

本章と次の章では、SaaS／サブスクリプションのサービスによってお客様が得られる恩恵＝ベネフィットのつくり方について、前章に引き続きTeamSpiritを例に解説したいと思います。

TeamSpiritではベネフィットを大きく二つに分けて考えています。その一つが日々の業務管理を徹底的に効率化して、コンプライアンスや内部統制を面倒で後ろ向きの作業ではなく、本業にも価値を生み出せるようなものにするというものです。私たちは約10年前からこのコンセプトでサービスをつくってきましたが、このことはご存じのように「働き方改革」という世の中の大きな潮流のなかで求められることになりました。

ここでは働き方改革が求める厳格な勤怠管理の実情と、その他コンプライアンスに関わる課題について整理します。そのうえで、これらの課題に対してＴｅａｍＳｐｉｒｉｔがどのようなベネフィット、機能を用意したのかを説明します。

## 働き方改革を阻む４つのジレンマを解消するために

働き方改革関連法が２０１９年４月から順次施行されています。政府主導で働き方改革が叫ばれる背景には、少子高齢化に伴う生産年齢人口の減少に加え、出産・育児、介護との両立など、働き手の背景やニーズの多様化などのわが国の現状があります。同時に日本企業の生産性の低さという課題もあります。

多様で柔軟な働き方を可能にし、生産性向上と業務効率化の実現、従業員育成などを通して、より働きやすい社会の実現をめざす、というのが働き方改革関連法の目的です。とはいうものの、「残業禁止」などの労働時間短縮の面が強調されたことで、現場の従業員にとっては困惑が生じているのではないでしょうか？　また運用する企業にとっては注意するべきことがたくさんあります。

それは、働き方改革関連法に違反した企業への罰則規定があるだけでなく、悪質な違反企業や労働基準監督署が書類送検した企業は、企業名を公表される場合があるという点です。万一、自社が公表制度の対象となれば「ブラック企業」とみなされ、イメージダウンは避けられません。営業上の影響はもちろん、採用活動でも大きなマイナスとなります。働き方改革関連法に対応するためには、経営者や、部下を抱える管理職、また人材管理をつかさどる人事部は、従業員の働き方をきちんと管理しなければなりません。

## 勤怠管理のジレンマ

特に労働基準法改正により、企業として労働時間の管理を厳密にしないといけなく

① 「1日」「1か月」「1年」のそれぞれの時間外労働が、36協定で定めた時間を超えないよう管理。
② 休日労働の回数·時間が、36協定で定めた回数·時間を超えないよう管理。
③ 特別条項の回数が
✔残っていれば ➡（①の）時間外労働の残時間数まで
✔残っていなければ ➡ 原則の上限時間（＝限度時間）まで
（※時間外労働の残時間が限度時間以下なら残時間数まで）
となるよう月の時間外労働を管理。
④ 毎月の時間外労働と休日労働の合計が、100時間以上にならないよう管理。
⑤ 月の時間外労働と休日労働の合計について、前2〜5か月の合計と合算して、月数（2〜6）×80時間を超えないよう管理。

出典：厚生労働省「時間外労働の上限規制 わかりやすい解説」より

なりました。労働時間の適正な把握を求められていることもありますが、残業時間の上限を超えないようにするためには、記録と管理が必要です。

例を挙げると、上の図表のような管理を行う必要があります。

ここにあげた項目のうち、特に⑤の複数月の平均残業時間の管理は、時間外労働と休日労働の合計について、当月を含めた直近2カ月の平均が80時間以内か、直近3カ月の平均が80時間以内か、直近4カ月の平均が80時間以内か、直近５カ月の平均が80時間以内か、直近６カ月の平均が80時間以内かを、全従業員分、毎月計算して管理する必要があるのです。多くの人は、当該月の残業時間は意識するでしょうが、複数月の平均の残業時間は意識できないどころか計算もできないのではないかと思います。その月の最終週になって上限を超えることに気づいても遅いので、月の途中で現在の残業時間を把握しなければなりません。

さらにフレックスタイム制においては、清算期間の上限が１カ月から３カ月に延長することも盛り込まれました。これまでは、１カ月以内の清算期間における実労働時間が、あらかじめ定めた総労働時間を超過した場合には、超過した時間について割増賃金を支払う必要がありました。反対に実労働時間が総労働時間に達しない場合には、欠勤扱いとなり賃金が控除されます。この欠勤扱いを避けるために、仕事を早く終わらせることができる場合でも、総労働時間に達するように労働するといった状況も起きていました。

清算期間が延長されたことで、２カ月、３カ月といった期間の総労働時間の範囲内で、従業員の都合に応じた労働時間の調整が可能になります。しかし1カ月でも労働時間の週平均が50時間を超えてしまったら、トータルではあらかじめ定めた総労働時間内に収まっていても当該月は残業代の支払いが必要になります。このケースでも3カ月間の労働時間を記録して過不足を計算しつつ、週平均の残業時間も参照するということが必要となります。

この他にも前日の終業時刻と翌日の始業時刻の間に一定時間の休息の確保を行う、勤務間インターバル制度も導入されました。現在はまだ努力義務になっていますが、従業員の健康を考え、すでに先行して採用する企業もあります。

もはや勤怠時間は紙の台帳と電卓で計算できるようなものではなくなり、正しく記録できる勤怠管理システムが必要となっています。勤怠時間を正しく計算できなければ、法律違反となってしまう可能性があり、長期的な間違いが見つかって多額の未払い残業代を支払うようなことになれば、企業業績にも影響を与えます。

## 経費精算のジレンマ

交通費や接待費など、従業員が一時的に負担して後日精算するような経費精算は、往々にして締め日の月末にまとめて精算する従業員が多いでしょう。レシートや領収書などの証憑を集めたり、訪問先からの交通費を計算したり、なんだかんだ半日程度かかってしまうということも珍しくありません。その経費精算の申請書を上司がチェックして、さらに経理担当者がチェックして承認する、不備があれば再提出を促すなど承認処理の作業工数もかかります。現在は、交通案内のサービスなどで簡単に電車の運賃がわかり、交通系ＩＣカードで利用履歴がわかりますが、簡単に調べられない時代はさらに煩雑だったでしょう。

経費精算の効率化をはばむ壁の一つが税務調査対応です。今は、Ｓｕｉｃａなどの交通系ＩＣカードが充実しているので、従業員に1万円仮払いして交通系ＩＣカードに入金、交通費として使ってもらうという手法もあります。しかし、交通系ＩＣカードへのチャージ履歴だけでは税務署は交通費として認めません。コンビニエンスストトアや飲食店の決済でも利用できるため、業務とは関係ない決済が含まれたり、交通費以外の支払いは別に領収書をもらって経費の二重精算などの不正が行われたりする場合があるからです。そこで、利用履歴を印字して、交通費として利用した費用のみを計上するようなルールになりますが、従業員側の運用としては煩雑です。

経費精算は、複数の交通ルートが存在すること、訪問先と交通費の一致を確認するのが煩雑なことから、実質支払った金額よりも多く請求する従業員側の不正を確実に防止することが難しいという問題もあります。不正請求は金額の多寡にかかわらず業務上の横領にあたるため、従業員の教育が必要です。

## 原価管理のジレンマ

ソフトウェアやＷｅｂサービスの開発会社、広告・イベント会社、会計士・弁護士、コンサルティング会社といった、いわゆる「プロフェッショナルサービス」を提供する企業では、顧客に販売する商品やサービスの原価の大部分が従業員の人件費となります。この場合「原価」を計算するためには従業員の働いた時間を正しく計測しないと、原価管理や会計上の問題と税務上の問題の両方を抱えることになります。

原価管理上の問題としては、勤怠管理と工数管理上の不一致による原価の信頼性低下があります。一人でいくつものプロダクト（やプロジェクト）を掛け持ちしていると、どのプロジェクトにどれくらいの時間をかけたかを正確に計算することは困難です。開発に携わる人の数が多かったり、メンバーの入れ替えが頻繁にあったりする場合、工数計算の難易度はさらに上がります。

実際、多くの会社で工数管理の仕組みを自社開発したり、何らかのシステムを使って、正確な工数の計測にトライしたりするもののなかなかうまくいかず、結局１カ月分をまとめて、ざっくりと工数を振り分けお茶を濁すようなことになっているケースも多いようです。

そのようなざっくりとした運用では、勤怠上は１６０時間しか働いていないのに工数の合計が２００時間となるような不整合が発生し、人件費の売上原価と一般管理費の振り分けに不備をきたしたり、個別原価管理の信頼性が低下したりすることが起こります。

税務上の問題もあります。たとえばソフトウェアの開発費は、そのすべてを費用が発生した会計期間において経費として処理できるわけではなく、内容によっては納期に合わせて翌期以降に繰り延べて計上する必要があります。しかも、会計と税務で扱いが異なる場合があり、処理方法は会計士に確認しないと判断できない場合も少なくありません。工数実績を正しく把握したうえで原価計算をしていないと、本来資産計上すべきところを費用として処理して、利益を押し下げ、法人税の過少申告をしたとみなされることがあります。

## 決裁権限のジレンマ

購買の意思決定や契約の締結などにおいて、部下が上長に承認をもらう決裁は、正しく業務が遂行され、費用が使われるために必要です。

しかし、まだ多くの企業で、紙とハンコによる決裁をしているのではないかと思います。紙の稟議書を使っている場合は、誰が決裁すべきかの判断を間違えて本来の決裁フローに従わず処理されることや、正式な処理をすると決裁の完了までに時間がかかるので承認前に実施してしまうなど、決裁権限が遵守されないことがあります。

さらには稟議書の紛失や決裁者が長期不在のため確認できないなどの問題もおきます。このように責任と権限が不明瞭になってしまうと、さまざまなリスクが発生します。

## 内部統制に関わるジレンマを解決する

働き方改革の対応をはじめ、経費精算、工数・原価管理、決裁権限の遵守など、多くの企業が抱える業務上の問題を挙げました。これらの問題に個別に対応するだけではなく、システムを一本化させることでトータルに解決することをＴｅａｍＳｐｉｒｉｔはめざしたのです。

そのために、従業員が毎日使うシステムとして簡単に利用できるのはもちろん、勤怠管理、就業管理、工数管理、経費精算、電子稟議他を一体化して、それぞれの整合性確認が柔軟にできるようにＴｅａｍＳｐｉｒｉｔを設計しました。

たとえば、カレンダーに何時から何時までどのプロジェクトの作業をするのかを登録しておけば、自動的に工数管理と連携します。勤怠管理とも連携するので、課題に挙げたような労務上のリスクも回避できます。業務内容を正しく登録しておけば、プロジェクトが決算期間内に費用として一括処理できるのか、来期に減価償却するべき費用なのかを、従業員は意識する必要はありません。また、カレンダー、勤怠管理と経費精算を連携できるので、空出張や不必要な深夜のタクシー利用などといった不正の牽制にもつながります。ＥＲＰに入れる前に各種業務データを一元的に集約することにより、各業務の整合性をとれるのです。

ここまでに挙げたような問題に対して、システムを一体化させることで、徹底的な効率化を実現し、本業にも価値を与えながら解決することでコンプライアンスや内部統制を実現する、これがＴｅａｍＳｐｉｒｉｔのプロダクトとしてのベネフィットの一つです。

# 第5章 ＤＸ時代の生産性の方程式

続いてチームスピリットが提供する次のベネフィット、生産性を向上するための習慣をつくるツール化について述べていきたいと思います。

## 日本の生産性が低いという現実

かつては経済で世界をリードしていた日本。現在でもＧＤＰでは世界第三位の経済大国であることには変わりはありません。しかし１人当たりの生産性は驚くほど低いことが指摘されてきました。時間当たり労働生産性は、ＯＥＣＤ加盟36カ国中20位。さらに１人当たり労働生産性は21位。先進国の中では最下位という有り様です。

日本人は勤勉で、高い技術力があり、品質を重視し、真面目に働くという自負を持ちながらも、「失われた30年」の間に、日本の産業の地位は大きく低下しました。しかし、日本の生産性はここ数年の間で低下したのではなく、昔からそうだったという指摘もあります。*

ここであらためて生産性の基本に立ち返ってみましょう。

シンプルにいえば、投入した材料や設備、人間の働きなどのすべての要素から、どれだけのアウトプットが得られたかを示すのが生産性です。これを「労働」という視点で捉えた場合、どれだけの労働時間や人数を投入して、どれだけの付加価値が得られたかということになります。（式A）

しかし、広い意味でのサービス業や企業のオフィスで働くようなホワイトカラーの

＊第一生命経済研究所：http://group.dai-ichi-life.co.jp/dlri/pdf/macro/2018/kuma180608ET.pdf

式A

$$生産性 = \frac{付加価値}{労働投入量}$$

式B

$$生産性 = \frac{(創造的活動 \times 直接時間)}{(直接時間 + 間接時間)}$$

式C

$$生産性 = \frac{(ビジネスモデル \times 能力 \times 直接時間)}{(直接時間 + 間接時間)}$$

職業の方にとって、「労働投入量」といってもなかなかピンときませんね。

最近の「働き方改革」の掛け声のもと、「労働時間を短縮し生産性を上げよう」という号令をかけられても、何をどう改善すればいいのか、具体的なイメージがわかないのではないでしょうか。働き方改革の中で特に考慮されるべきは、成果を求められる中で残業や休日出勤など時間外の労働が増えがちなホワイトカラーの働き方です。そして、これからDXによって、全ての産業がサービス化していく中で、日本の生産性を高めるためには、単なる労働生産性を超えた考え方が必要になります。

そこで働き方改革を実現する生産性を考えるうえで、生産性の式の要素を概念に分解したものが式Bです。

「創造的活動」とは何でしょうか？　私たちの定義では今までと同じ仕事（ルーティンワーク）ではなく、明日を創る挑戦的な仕事としています。言い換えるとイノベーションということになるのですが、そう表現した途端に多くの方が実現不可能とあ

きらめてしまうので、ここでは便宜的にビジネスモデル×能力と置き換えて説明していきたいと思います。（式C）

実は、この公式こそが、私たちのＴｅａｍＳｐｉｒｉｔ製品の背景にある考え方です。この式の意味について詳しく見ていきましょう。

## 労働時間を直接時間と間接時間で考える

まず、分母と分子を分けて考えることが重要です。

分母になる労働投入量の時間については、**直接時間**と**間接時間**に分けることができます。これは企業の利益や価値に直接貢献するコア業務にかける時間と、そのコア業務を支援するための間接的なノンコア業務にかける時間とも言い換えることができます。生産性の向上における「分母」の項目に関しては、いわゆる効率の話なのでわかりやすいと思います。

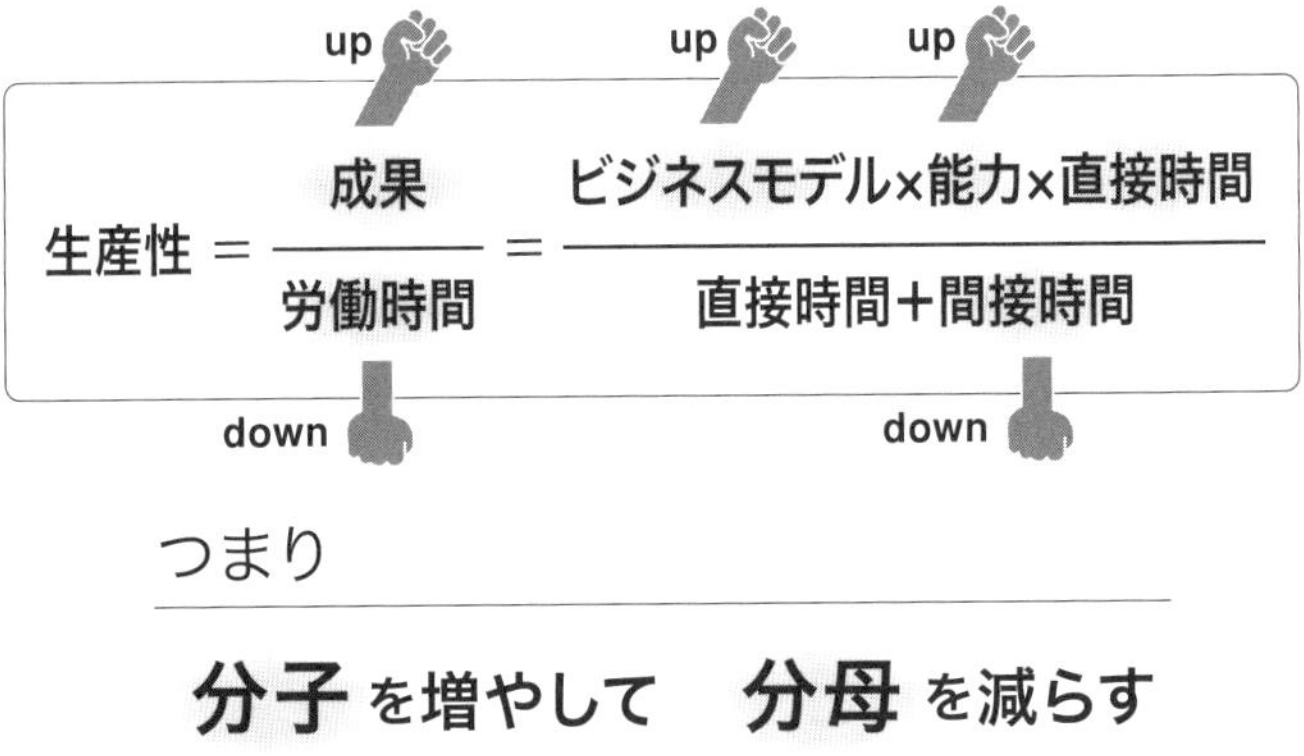


図表 5-1　生産性の公式を考える

たとえば、受託開発をしている企業のプログラマーの場合を考えてみましょう。クライアントから依頼された開発をしている時間は、開発工数として費用を請求できるコア業務を行っています。一方で、社内の朝礼、会議、経費精算の時間などは、クライアントの業務には関係ありませんから請求できません。後者は本来の業務に付随するノンコア業務ということになります。つまり、費用を請求できるコア業務をしている時間は直接時間、それ以外の時間は間接時間となります。

同様に営業担当者の業務を分けて

みると、クライアント先の訪問、電話応対、メールのやり取り、営業の資料作成、見積もり作成などはコア業務なので直接時間となりますし、会議や経費精算はノンコア業務なので、その時間は間接時間となります。

コア業務にかかる直接時間を増やして、それ以外のノンコア業務の間接時間を減らす、これが効率化のための一般的なアプローチです。**効率化は「物事を正しく行うこと」**により達成できるものです。１日の限られた労働時間に対して、時間の使い方をどう改善していくか、ということがポイントになります。

## 創造性のネック＝間接業務を圧縮せよ

生産性の方程式の分母のみに含まれるノンコア業務にかかる間接時間にはどのようなものがあるでしょうか。営業やエンジニア、マーケターなどにとっては、次のような業務が間接業務となります。

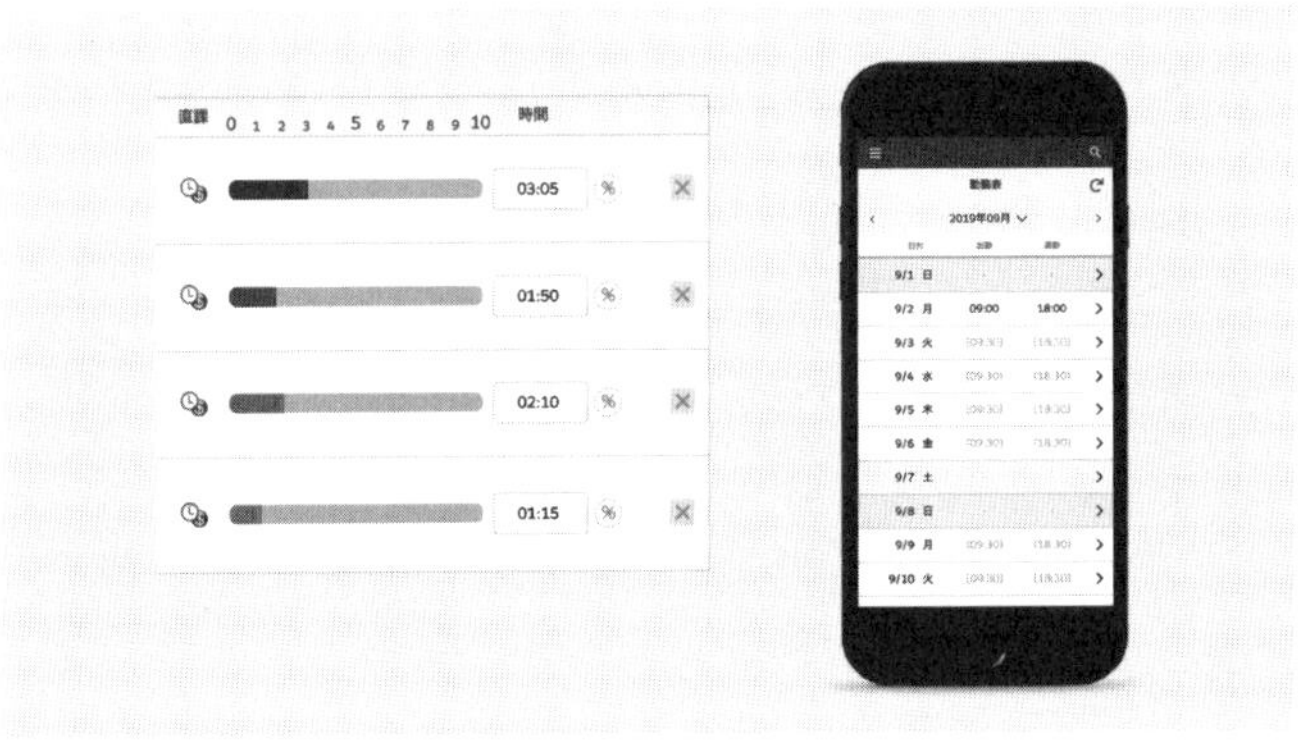


図表5-2 ＴｅａｍＳｐｉｒｉｔの画面

・経費精算に関わる時間
・労務管理（出退勤、年休申請など）に関わる時間
・請求書作成、発送準備に関わる時間
・各種稟議に関わる時間
・電話の取り次ぎ
・会議

これら間接時間を削減して直接時間を増やすために必要なことは、これらの業務にどれくらい時間がかかっているのかを認識することです。ＴｅａｍＳｐｉｒｉｔの場合は、カレンダーに記載したＪＯＢコードから工数を自動的に取り込んだり、退社時の勤怠打刻に合わせて簡単に業務の内容と工数を記録することがで

きます。TeamSpiritを使っていない場合は、1日行った業務内容とその開始時間、終了時間を手動で記録することが必要になりますが、このようなことを手軽にできるようにするのがツール化の目的です。

1日の業務を記録してみると、思った以上に間接業務に時間をとられていることに気づくはずです。経費精算などは月末にまとめて行う場合も多いでしょうから、できれば数カ月間記録して働き方の実態を認識することがおすすめです。

間接業務にかけている時間の長さに衝撃を受けることが削減の第一歩です。業務の実態を知ることが、間接業務の時間を削減する動機付けにつながるからです。なお、TeamSpiritでは働き方の分析結果をチームメンバーで共有することができます。それにより、同じ業務を行っているメンバーとの働き方の違いを比較して、よりよい働き方をベストプラクティスとして認識できるので、効率化を実現するうえでとても効果があります。この毎週、毎月の作業内容を振り返ることと、ベストプラクティスと比較することも間接時間を削減するために重要な一つの習慣です。

## 働き手の工数を削減する思想でシステム化する

従来の勤怠管理、経費精算、工数管理は、従業員よりも管理業務の担当者の工数を削減することを目的にシステム化されてきました。手書きのデータを管理業務の担当者がシステムに入力し直す時代に比べて、従業員が自分でシステムに入力できるようになるだけでも工数は削減できます。

しかしTeamSpiritはシステムの利用者である従業員側に立って企画されています。毎日の出退勤の打刻、業務の内訳の登録、交通費や経費の精算という、どんな業種、どんな職種の方でも必ず行う日常的な事務作業を、極限まで効率的に行えるように考えられています。

TeamSpiritを使っている企業のシステム利用者に事務作業の効率化についてアンケート調査を実施したところ、247社のユーザー企業の利用者の平均値として、月間で短縮できた事務作業の時間は、勤怠管理で31％、経費精算で40％、工数管理で41％。時間数でいうと、1人につき月間90分の時間短縮ができた、という調査

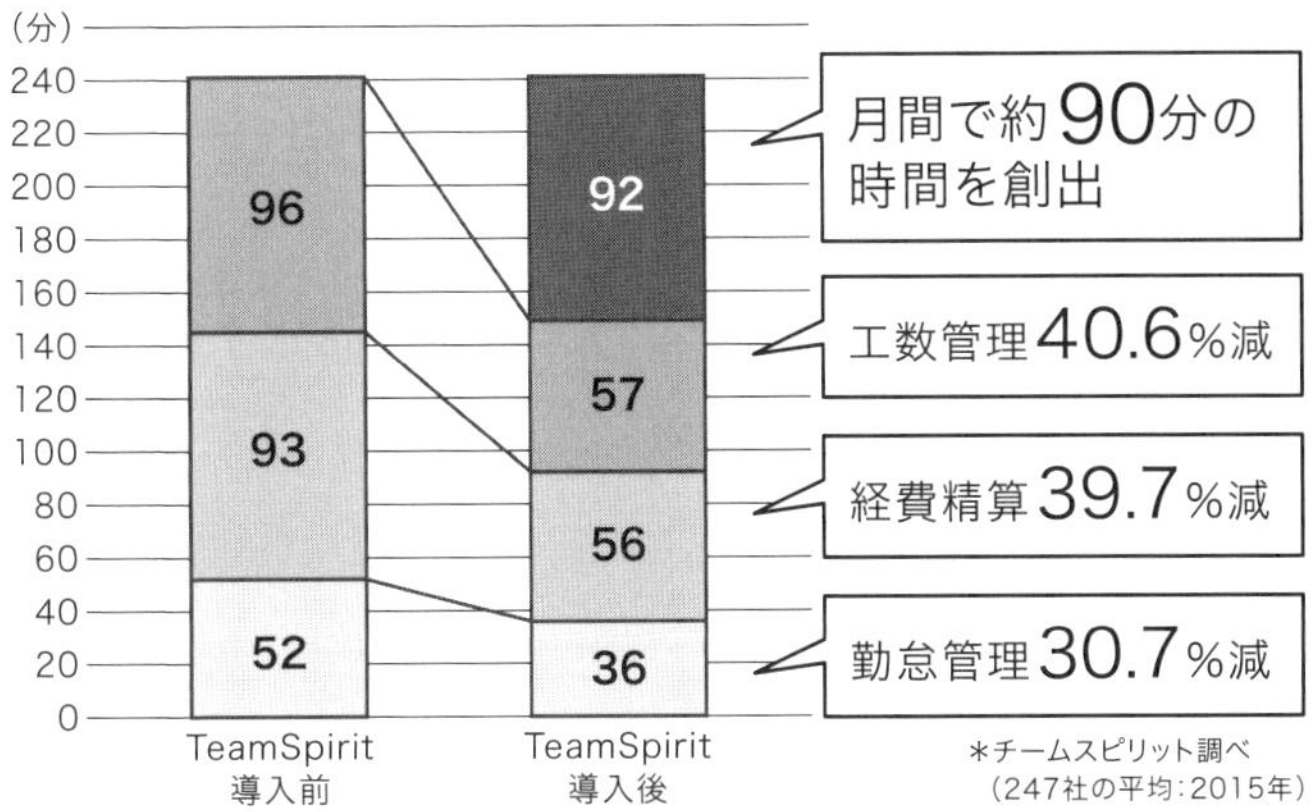


図表5-3　１人当たりの月間事務作業

結果があがってきました（図表5－3）。

一カ月を1日8時間勤務の20営業日とすると１６０時間＝９６００分、その中の90分というと、月の1％にも満たないじゃないか、とお考えかもしれません。

しかし、**１００人の従業員から成る企業を考えたとき、１００人が１％削減できれば１００％、つまり１人月分の業務削減**に当たります。これは人手不足の時代には大きなプラスといえます。また、実務の足し

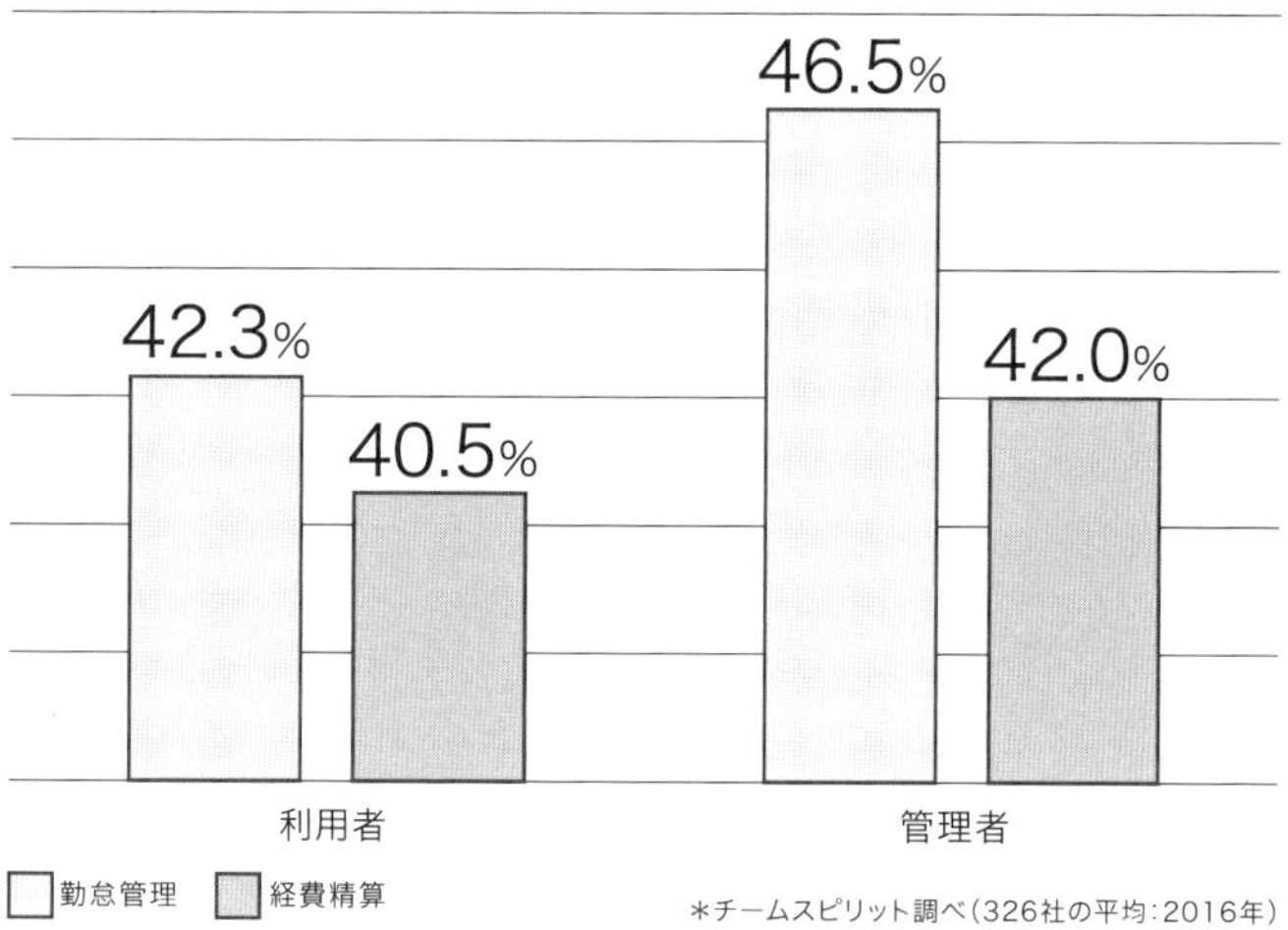


図表5-4　作業時間削減率

にならない面倒な作業を手軽に終わらすことができるのは、定量的には表れない精神衛生上の効果が大きいことをみなさんにも感じてもらえると思います。

このようにTeamSpiritを導入することで、価値を生み出さない事務作業を極限まで減らすことができ、創造的・生産的な業務に時間を割り振ることができるようになるのです。

分母の効率化はシンプルです。一般的にＩＴによる効率化といわれるのがこの考え方なので、どなたにも理解しやすい話だと思います。全体の労働時間を変えない、あるいは削減して、間接的な時間を極限まで短縮し、直接的な時間を増やせば、今まで通りの仕事であったとしてもアウトプットの量は増大することになります。

## 創造的な仕事にするための3段階。手作業、仕組み化、パラダイム・チェンジ

続いて、分子側の付加価値の分解「創造的活動×直接時間」について見ていきましょう。先ほど述べた「分母」の労働時間を減らすことは、業務を改善し「効率」を追求することであり、**「物事を正しく行う」**という発想です。これに対して、分子の成果を高めることは、「効果」を追求することです。これは**「正しいことを行うこと」**なのです。「正しいことを行う」というのは、より本質的な考察を必要とするため、ＩＴのツールを導入するだけでは簡単にはできないことです。分子である成果を増大させるためには、より創造的な活動が必要になります。このことをもう少し詳しく見

ていきましょう。

「創造的活動×直接時間」≒「ビジネスモデル×能力×直接時間」と表した理由ですが、創造的な仕事の仕方には3段階あり、その力の入れ方で大きくアウトプットが変わってくると考えているからです。

創造的な仕事の仕方の3段階とは、

①手作業：属人的な能力と作業により創造的なアウトプットを生み出す活動。
②仕組み化：創造的なアウトプットを生み出すための、仕組みを生み出す活動。
③パラダイムチェンジ：仕事自体を再定義して、従来の作業を不要にする活動。

の3段階です。

③のパラダイムチェンジを「ビジネスモデル」変革、②の仕組み化を「能力」の向上として捉え、この二つと①の手作業「直接時間」をかけあわせたものが付加価値の

源泉になると筆者は考えています。この三要素の力の入れ方のバランスで成果の大きさが決まります。

②の仕組み化と③のパラダイムチェンジを実現するための活動も実は、①の手作業の中に含まれているのです。あえて分子側の付加価値を「効果」と表現するのは、①の手作業だけで結果を出そうとする「成果」と分けて考えたいからです。

## 成果主義と長時間労働の弊害

日本では、１９９０年代後半から２０００年代にかけて、それまでの年功序列式の評価制度から、成果主義を導入する動きがありました。しかし、一般的に成果主義の仕組みは日本ではなじまなかった、成功しなかったという評価をされています。その原因の一つが、分子にあるビジネスモデル、能力を改善することなしに、残りの係数の直接時間にかける時間だけを増やして、成果つまりアウトプットの量を増やそうとしたことにあります。仮に、間接時間をゼロにして労働のすべてを直接時間にあてられたとしても、ビジネスモデルや能力を変えずに今以上に成果を上げるとしたら、直接時間を増やすことしかありません。それが長時間労働が蔓延する背景となりました。

さらに、長時間働くことが「一所懸命に働いている」証拠として捉えられると、評価のための残業が常態化し、さらに残業代稼ぎのいわゆる生活残業も行われるようになりました。短時間で効果を出すよりも、長時間かけて同じ仕事をした方がもらえる給料が多くなるのですから、仕事を効果的にしようという気になりません。

効果とは無関係に残業をするので、人件費だけが上がっていきます。そこで残業代を払わないような企業が現れ、サービス残業という悪しき習慣まで生まれてしまいました。同時に長時間労働は、ストレスによる健康の悪化や家庭不和など、生活そのものにも悪影響を及ぼしていました。まさに悪循環を生み出していたのです。

## ビジネスモデルの改善は難しいのか？

今後長時間労働をなくして、少なくとも現在と同じアウトプットを維持する、あるいは、増やすためには、創造的活動であるビジネスモデルと能力の改良が必要です。能力については、最新のＩＴを導入して仕組みを変えたり、教育、トレーニングによって個人のスキルをアップしたりするという方策があります。簡単なことではありませんが、今ある姿の延長線上で改善するイメージで、比較的道のりの見えやすい取り組みです。

それに対しビジネスモデルの改良は、今の姿の延長というよりも、非連続的にジャンプアップするような変化を伴うため、もっと難易度が高くなります。第1章で鎌倉新書の事例を紹介したのは、仏事関連の書籍の出版社がオンラインメディアに変わる、さらに紹介事業を始めるといったように、販売方法、商流などを含む利益を得るための仕組みを異なる軸に移し替えるようなジャンプアップを実現しているからです。明確なビジネスモデルの変更のパターンがあるわけではありませんから、どういうチャレンジができるのかをしっかりと考えないといけません。このビジネスモデルを変えることこそ、これからのＤＸ時代を生き抜く必須の要件になるのです。

先程、付加価値を上げるための創造的活動は「正しいことを行う」という本質的なテーマを扱う必要があるため、ＩＴのツールを導入するだけで簡単に結果を出すのは難しいと述べました。しかし同時に、仕組み化とパラダイムチェンジを実現するための活動は実は手作業による創造的な仕事の中にあるとも述べました。筆者としてはたとえ難しいテーマであっても、一つずつ分解して考えれば誰でも創造的活動ができると考えています。

# 第6章 創造性とビジネスモデル

## 斧を研ぐ時間を創れ

もし8時間、木を切る時間を与えられたら、そのうち6時間を私は斧を研ぐのに使うだろう。（エイブラハム・リンカーン）

本章では「創造性」とビジネスモデルの関係について解説します。チームスピリットでは、「すべての人を、創造する人に。」をミッションにしていますが、それは役職にかかわらずすべての人が創造性を発揮し、変化を巻き起こしてほしいと考えているからです。「創造」の前には、さまざまな夢や可能性を「想像」する必要があり、本書ではそのためのアイデアや考え方などを伝えていきます。

新しいアイデアを生み出すためには、アイデアの種を突き詰めて考える時間が必要です。人それぞれにひらめきの瞬間は異なりますが、ひらめきを得るときはその前にまとまって考える時間があるものです。筆者が考える方法は、以下のようなものです。まずアイデアの原型のようなモヤッとした考えが思い浮かびます。思い浮かんだら、そのことについてこれ以上アイデアが展開しない、というところまで突き詰めて考えます。行き詰まったら、いったんその考えを寝かせます。忘れるのではなく、潜在的な意識の中においておくイメージです。するとあるとき、何か別の体験や事柄に原型的なアイデアが組み合わさって、新しいアイデアがひらめくことがあります。その偶然の出会いを「セレンディピティ」と呼びますが、これは計画的に偶然に遭遇するための手順といえます。セレンディピティを起こすには一度アイデアを掘り下げて考える時間、考えたうえで意識下においておく時間の両方が必要です。

冒頭に掲げたリンカーンの言葉は、「斧を研ぐ時間」についてのものでした。これに近いエピソードがスティーブン・R・コヴィーの『7つの習慣』にも出てきます。


森の中で、必死で木を切り倒そうとしている人に出会ったとしよう。

「何をしているんです?」とあなたは聞く。

すると男は投げやりに答える。「見ればわかるだろう。この木を切っているんだ。」

「疲れているみたいですね。いつからやっているんですか?」あなたは大声で尋ねる。

「もう五時間だ。くたくただよ。大変な作業だ。」

「それなら、少し休んで、ノコギリの刃を研いだらどうです? そうすれば、もっとはかどりますよ。」とあなたは助言する。すると男ははき出すように言う。

「切るのに忙しくて、刃を研ぐ時間なんかあるもんか!」


（『7つの習慣』スティーブン・R・コヴィー）

この話を聞いて、目の前のことしか考えていない木こりのことを笑うかもしれませんが、多くの人が新しいアイデアを生み出すということに関して、日々の仕事に追われて木こりと同じ状況になっているのではないでしょうか。ノコギリの刃を研ぐ時間をつくらないと変われないとわかっているのなら、その人に必要なのはタイムマネジメントです。1日24時間という条件はすべての人に平等で、この時間をどう使うかは、その人次第です。しかし1日の5分、10分の隙間時間を集めて1時間にしても、新しいことを考えるには非効率で、役に立ちません。週に一度でも考える時間として数時間まとめてとれるようなタイムマネジメントが必要です。

そしてこの話は、働き方改革にもつながるものです。前出の生産性の公式でいえば、働く時間を短縮しようとするあまり、分子にあたる能力を磨く時間を削っているのです。つまり能力を向上させるためには斧を研ぐ時間をつくるタイムマネジメントが大切だということです。

## 上流に遡り仕事を再定義する

次にビジネスモデルの変革について考えます。ビジネスモデルを変えるためのヒントを一つあげるとすれば、「仕事の上流」に遡ることです。そのことで仕事を定義し直すのがわかりやすい方法です。

私たちは、コンサルティングや受託開発から、自社開発によるＳａａＳ／サブスクリプションにビジネスモデルを変えて成長してきました。表面だけ見れば、要件を定義しプログラムを開発してプロダクトをつくり、それをクライアント企業に提供して収益を得ているので、大きく変わったようには思えないかもしれません。しかし実際には、コンサルティングや開発作業を通じた「労働力の提供」から、内部統制の実現や生産性の向上を実現するという「価値の提供」に変えたのです。私たちの仕事自体を再定義して、さらに上位の目的を実現するためのサービスへとビジネスモデルの転換を目指しました。

受託開発は、クライアントから依頼されたものをその通りにつくるビジネスです。開発能力はあっても、もとのシステムのアイデアを自らつくることはありません。依頼があったシステムを開発して、納品して終わりですから、1案件が終わったらまた別の案件を引き受けてゼロからつくり上げないと売上が止まってしまいます。売上を増やすには案件を増やすしかなく、増えた案件に対応するためには人的リソースを増やさざるを得ないので､利益率が上がりにくい構造のビジネスです。依頼があると次々と受けてしまい、前述した、いつも忙しく、考えるための時間がとれないという「木こりのジレンマ」に陥りがちです。

これを自社開発のＳａａＳ／サブスクリプションビジネスに変えるために、開発能力に加えて自分たちでアイデアを生み出し、商品を企画してつくる能力や、そのプロダクトの販路を拡大するためのマーケティング力、営業力を一つずつ身につけていきました。

新しいビジネスモデルをつくる、あるいはそのビジネスモデルに移行するための能力をつけることは、これからの日本に特に求められるようになるでしょう。日本の問題点は、部品をつくることは好きで得意でも、その部品を使った製品を完成させること、あるいはその製品を使ったサービスを生み出すことが弱いためにスケールアップしにくいことです。

つくる技術があっても、それをプロダクトやサービスにしてビジネスモデルとして展開することができないと、結果的には分母を効率化（間接時間を極限まで減らす）し、それでも補えなければ労働時間を増やすという悪しき成果主義に進んでしまいます。前章で取り上げた効率化によって生産性を拡大させようとするだけでも、5％から20％程度の向上が期待されるところですが、ビジネスモデル変革が成功すれば、生産性は何倍、何十倍にも拡大することが可能なのです。

わかりやすい例では、iPhoneのNANDフラッシュストレージには東芝製品が使われていますが、iPhoneのコストのうち、そうした部品などが占める比率はあまり高くありません。iPhoneの価値は、ソフトウェアや独自のビジネスモデルにより生まれた付加価値によるもので、それが部品を作る東芝よりも、製品を作って販売するアップルの方が、売上が数百倍になる理由です。QRコードを作ったのはデンソーの一事業部（現デンソーウェーブ）ですが、そのQRコードを使ったサービスを展開して成功しているのは、中国のアリババが運営するアリペイやテンセントが運営するWeChatPayなどの電子決済サービスです。働き方改革はこのようにビジネスモデルまでを含んだ変革による生産性で考える必要があるのです。

## 思考原則1：既存のカテゴリーを壊す

それでは具体的にビジネスモデルを革新するためには、どのようなことをすればよいのでしょう。大切なのは新しいアイデアを生み出し、それを実現できると信じること、今の直接時間の中からアイデアの実現に取り組むための時間をつくり出すことです。おそらく一時的にアウトプットの量は下がるでしょうが、それでも正しいことを行うために決断するという勇気を持つことです。それはＩＴで実現することではなく、意識改革というべきものです。

ここからは、私たちがＳａａＳ／サブスクリプションビジネスにトランスフォームしてきた中から得られた、アイデアを生み出すための発想の流れをご紹介しましょう。

アイデアを出すうえで最も重要な第一の原則は、自分のアイデアをすでにあるジャンルやカテゴリーにあてはめるのではなく、**新しいジャンルやカテゴリーを生み出す**こと、つまり、オリジナルな考えとして、**既成のものと比べないで追求する**ことです。今あるジャンルに合わせると、そのつもりはなくても結果としてモノマネをすることにつながります。その結果、厳しい競争にさらされることになります。市場のニーズが顕在化しているものや、すでに受け入れられているものと同じことをするのはレッドオーシャンに入ることですから、競合との戦いになります。

ただし、新ジャンルをつくることはゼロからイチを生み出すことであり、周囲の理解を得にくいというデメリットがあります。ＴｅａｍＳｐｉｒｉｔのようにＥＲＰのフロントを結合するようなプロダクトは海外にもなかったこともあり、投資家に説明したときでも「ニーズがない」「必要ない」と言われてきました。

しかし自分たちの直感を信じ、一つずつ形にすることでそれを乗り越えてきました。「これまでない」という反応はそれだけ市場の可能性があるとポジティブに捉えることができますし、海外にもないということは海外市場も取り込める可能性があるからです。

最初にＴｅａｍＳｐｉｒｉｔというサービスのアイデアにたどり着いた背景には、まずは自分が感じた勤怠管理や経費精算、工数管理といった業務の不便さ、面倒くささという体験がありました。できればこの時間を忙しい本業に使いたかったのですが、やらないという選択肢はありません。それどころか、締め日になれば本業に優先して作業しなければならないのです。普通なら仕方ないとあきらめるところかもしれませんが、何か本質的な矛盾があるに違いないと思い、この問題の解決策としてさまざまなアイデアを考えたことが原点になっています。

考えてもすぐに答えになる解決策がでるわけではなく、いったんは棚上げして勤怠管理の単一の機能としてスタートすることにしました。しかしふとＴｗｉｔｔｅｒのような新しいサービスを見たときにそれが刺激になって、このように軽くてスタイリッシュなＵＩとＳＮＳ機能を業務ソフトに取り入れるというアイデアがひらめきました。これなら面倒な作業も社内のコミュニケーションに変えられると思ったのです。

もう一つアイデアの刺激になったのが、２０１１年に開催されたセールスフォース・ドットコムのイベント、「Dreamforce」でのプレゼンテーションでした。その中で、セールスフォース上に営業管理の入力データが集まって、そのデータを蓄積していくことで分析に使える、さらにデータがそのまま受発注、請求処理などの基幹システムにつながるというものがありました。また、そのイベントでは「フロントのパワーが増大する」というメッセージがあり、ＴｅａｍＳｐｉｒｉｔはＥＲＰのフロントウェアをめざせるなとひらめいたのです。

前述したように筆者は、考えてもアイデアが浮かばなくなったらいったん考えることをやめて、意識の中心からはずしてしまいます。考え尽くした後の棚上げであれば、心の中にひっかかってふとした刺激と結びつくことがあるからです。製品・サービスについて考え尽くした後で、いったん保留にしておく。それがのちの「セレンディピティ」につながるということを、これまで何度も経験しました。

　このことは多くの先人たちがまとめています。ジェームス・W・ヤングという人は、『アイデアのつくり方』という本の中で、「アイデアづくりの5段階（データ集め→データの咀嚼→データの組み合わせ→ユーレカの瞬間→アイデアのチェック）」としてまとめています。

　他にも、19世紀に活躍した生理学者、物理学者のヘルマン・フォン・ヘルムホルツをはじめ、アイデアとひらめきについてはさまざまな先人の考察があります。筆者の経験からも、こうした「創造性」の研究は非常に興味深いもので、いずれはこうした「創造性の理論」を製品・サービスに反映させていきたいと考えています。その第一歩が、後に紹介する「プランナー」という新機能です。

## 思考原則２：クワドラント（４象限）で考える

　TeamSpiritが、人事系の「勤怠管理」と、経理系の「経費精算」をあわせ持つサービスであることはすでに述べました。

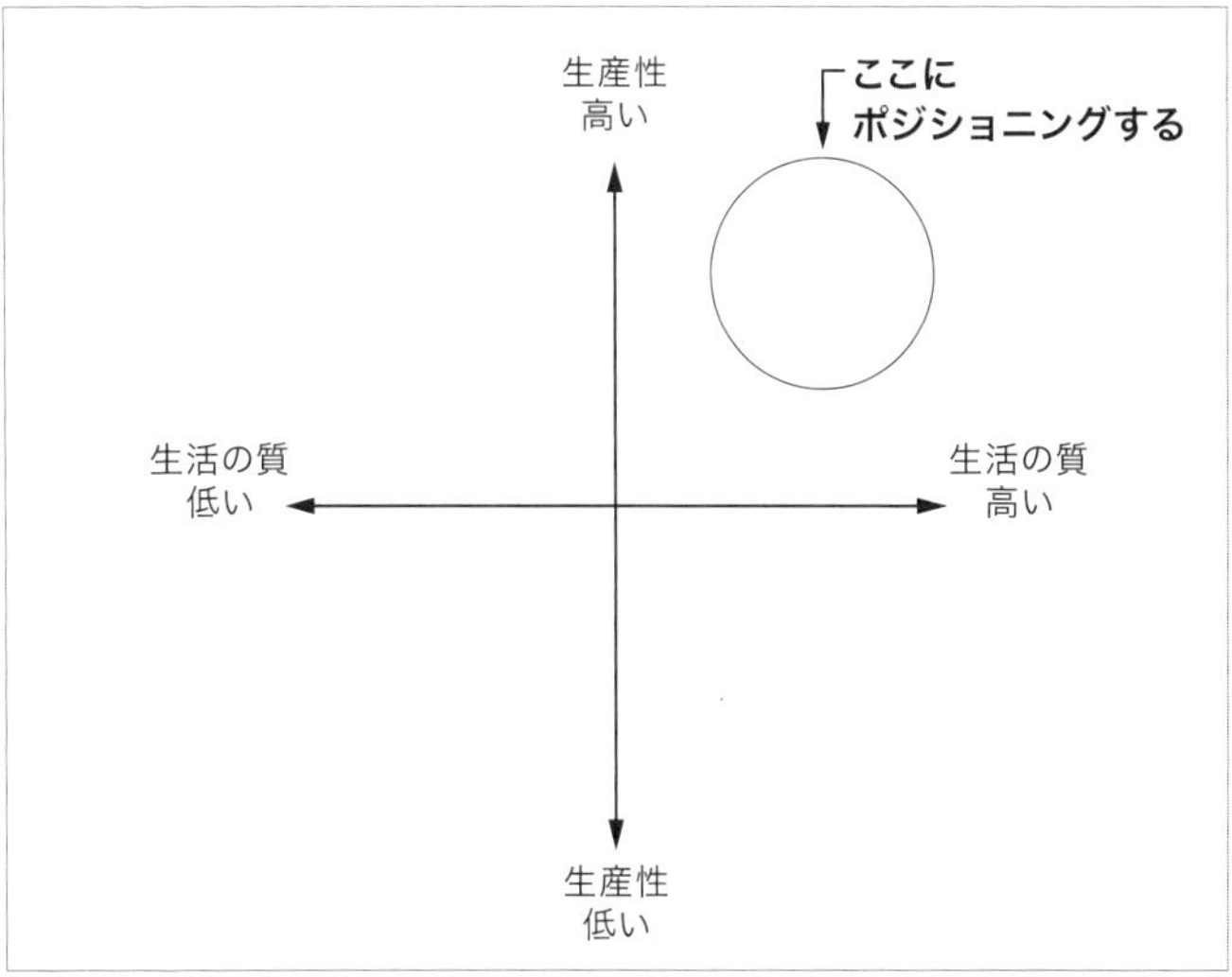


図表6-1　クワドラントの考え方

この人事系の勤怠管理と、経理系の経費精算との組み合わせというアイデアは、二つの異なる問題系を掛け合わせるという考え方からきています。筆者は、クワドラント（４象限）で考えるという発想法を推奨しています。これが創造性を高める第二の原則です（図表６-１）。

普段、関係者とディスカッションしているときなどに、トレードオフで思考する人が多いことに気づきます。たとえば、生産性を高める働き方を推進すると、アウトプットとなる成果を追い求める成果主義になる、そして成果主義の働き方は人間としての生活の質を下げてしまう、というように、片方をたてると片方が下がるというような発想です。この例では、生産性を高めると生活の質が下がるという、本来は異なるはずの現象を一つの軸のトレードオフで捉えてしまい、自分で制約をつくってしまっています。

一つをとったら、一つはあきらめるというトレードオフの考え方は、創造性の広がりをせばめてしまいます。私はこの制約を超えるために**クアドラント（４象限）で考える**ようにしています。クアドラントで捉えると、以下の４つの可能性ができます。

「生産性が高い　生活の質が高い」が理想で、「生産性が低い　生活の質が低い」が最も避けなければならない状況です。「長時間労働で生産性が低く給料は安く、プライベートに割ける時間もお金も足りない」、この状況がありえるならば「生産性が高く効率的に働き、給料が高く、プライベートに時間もお金もかけられる」という状況も成立します。

他にも「業績の追求と従業員のエンゲージメント」、「効率性とクリエイティビティ」など、本来対立するべきではない項目を対立軸で捉えて、どちらかしか選べないと考えてしまう人が多くいます。何かアイデアを考えたときに、トレードオフの思考に陥ったら、それを両立することができるのではという視点からクアドラントで考えてみてください。

## 思考原則３：高い目標を掲げギャップを埋める

**クアドラントで考えると、高い目標を掲げることにつながります。**たとえば仕事と生活、生産性と社員のエンゲージメントを両立できると考え、そのためにはどうすればよいかを考えることになります。会社で効率的に働き、早く帰って生活の質を高める、という個人の範囲で捉えるのもいいのですが、それでは環境が大きく変わることはありませんし、世の中を豊かにすることにはほとんど影響がありません。もっと大きく発想してみましょう。たとえばこの理想を実現する組織のトップとなって、従業員にその環境を提供するといった目標を考えるのです。

高い目標を掲げて現実を振り返れば、今の自分が置かれた環境は大きくかけ離れていることに気づくはずです。現状から見れば無謀としか思えず、始めもしないうちにあきらめてしまうかもしれません。

ここで、その理想と現実のギャップを埋めていくにはどうしたらいいか、具体的に落とし込めるかどうかがカギになります。先程の例でいえば、ビジネスとして成立させるために何を売るのか、プロダクトをつくるなら自分で開発するのか、人を雇うのか、資金はどうするのか、一歩ずつ考えてタスクに落とし込み、それを計画にしていきます。

人を雇うのであれば、採用する人の要件をジョブディスクリプションに書いて具体化する、採用のための面接スケジュールを組む。資金を銀行から借り入れるのならば、事業計画書をつくって銀行に説明にいく。シンプルにタスクに落とし込んでみると、「やれなくはない」道筋が見えてきます。

どれだけ大きな目標を立てられるかは、イノベーションを実現できるかどうかに密接に関わります。テスラ・モーターズのイーロン・マスク、アマゾンのジェフ・ベゾスは、それぞれ宇宙開発の事業のベンチャー企業を立ち上げて、ロケットの打ち上げをしています。20年前であれば、宇宙開発を民間企業が単体で行うなど、考えられないことでした。これはスケールを超えた目標を立てて、そのギャップを埋めるためのタスクを実行していくことで実現させている一つのロールモデルになるのではないでしょうか。そしてこれからのＤＸ時代においては、すべての企業が今までにない高い目標を設定する必要があるのです。

高い目標を掲げてギャップを埋めていくこと、これが創造性を高める第三の原則になります。

この第三の原則にはおまけがあります。高い目標を掲げてギャップを埋めていくことは、他人に期待するのではなく、自分が中心になり自律的に行うべきです。その結果、高い目標が実現できると今までとは違う仕事をしているはずです。裏を返せば、その目標が実現できたら現在の自分の仕事は要らなくなっていると思います。つまり、第三の原則は自分の仕事を不要にすることでもあります。

人はどうしても変化を嫌います。まして自分の仕事が要らなくなるような改革は誰もやりたがりません。しかし自ら自分の仕事を不要にできれば、人として必ず次のステップに進んでいるはずです。それを信じて、意識改革をする必要があるのです。

## 目標実現ツールとしてのTeamSpirit

正しいことを行う意識改革の必要性をご理解いただけたと思います。しかしこれを行うのはとても難しいと感じているはずです。ダイエットをすることは健康のためによいとわかっていてもなかなか実行できないのと同じです。そこで必要となるのがツールによる習慣化です。

生産性を高めるには、生産性の式（ビジネスモデル×能力×直接時間／直接時間＋

間接時間）の分子の最大化をめざします。最大化するためには、大きな目標を立てて、その達成のためにやるべきことをタスクに落とし込みます。

しかし、言うは易く行うは難し。「新規事業を立ち上げる」というゴールをたてても、既存事業と並行して行っている場合、どうしても既存事業の納期、トラブル対応などで新規事業が後回しになってしまうという経験はあるのではないでしょうか。

そこで私たちは、ＴｅａｍＳｐｉｒｉｔによるゴール達成までの道のりをサポートするための機能として「プランナー」を企画しました。一部の機能はＭＶＰ（Minimum Viable Product＝顧客に価値を提供できる最小限の製品）としてリリースしています。この機能のポイントは、タスクはリストにしただけでは実効性が薄いので、いつやるのか、いつまでにどのくらいやるのか、具体的なスケジュールに落とし込んでいくこと、そしてその達成度合いを評価することです。

## めざす姿を明確に記述して、タスクに落とし込む

まずは、ゴールを設定し、それを達成したときの具体的で目に見えるイメージを描きます。ダイエットの例でいえば、「痩せる」という目標を立てたときに、「体重を落としてヒョロっとした体型になる」のか、「筋肉をつけて引き締まった体型になる」のか、どちらになりたいのかをイメージします。

イメージを具体化するのは、達成のためにやるべきことを明確化するためです。前者をめざすのならば、とにかく糖質制限をして体重を落とす、後者をめざすのならば糖質制限に加えてプロテインを飲み、筋トレ、有酸素運動を組み合わせて体をつくる、というように達成のためのアプローチが変わってくるからです。

さらに、それを達成するまでの期間も定めてください。期間を定めないと、「いつか」の夢になってしまいます。そして重要なのが体重計というツールの存在です。体重計に毎日乗ることが具体的な習慣につながり、少しずつ成果が見えることで継続できる

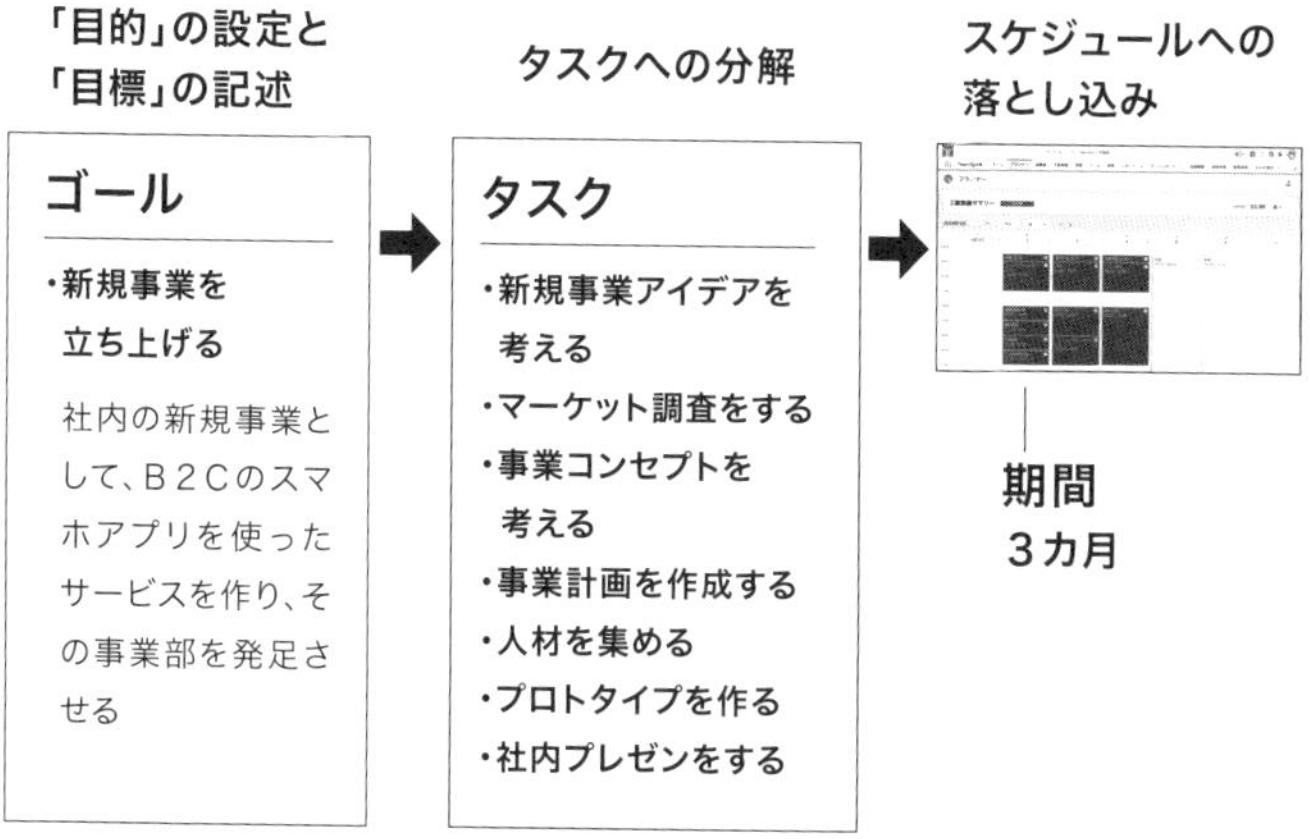


図表 6-2　タスクへの落とし込み

ようになります。

これをTeamSpiritに当てはめると図表6-2のようになります。

ゴールからタスクを落とし込み、期間を設定できたら、それを「何月何日に何をどのくらいの時間やるのか」をスケジュールとして設定します。

スケジュールを設定するときに、目標とマッピングさせたスケジュールとして登録することで、進捗を管理できます。同時に目標に到達するための、今日、今週、今月の達成度合いがグラフ化され、これも進捗を管理できるようになります。

この機能を使うことで、ゴールに近づくために日々やるべきことがわかり、達成度合いを評価できます。この達成度合いが１００％になったとき、めざしたゴールに到達しているはずです。

もちろんゴールの達成は簡単にできることではありませんし、その前に意識改革が必要です。しかし目に見える目標を設定し、それをタスクに分解した後スケジュールという形で計画に落とし、実行結果を工数という形で振り返り、その反省から計画を修正していくというＰＤＣＡを回す習慣をつくることが、ビジネスモデル革新のような大きな目標に関しても有効だと考えています。このように面倒な習慣をツールで支援する、分子の「効果」を実現することがＴｅａｍＳｐｉｒｉｔのこれからの目標になります。

これまでTeamSpiritを例として、SaaS／サブスクリプションのプロダクトのつくり方について解説してきました。気づいていただけたかと思いますが、「勤怠管理だから多様な打刻方法を選べるようにして残業計算をする」「経費精算だからSuicaのデータや乗り換え案内機能と連携して手軽に交通費の精算を行う」という細かい機能の話は出てこなかったと思います。その理由としては、SaaS／サブスクリプションの特長として機能は常に進化していくので、それ自体が差別化の要素にはならないことが挙げられます。

TeamSpiritにとっての差別化要素とは「働く人の視点に立って感動できるサービスにする」というコンセプトです。

そのコンセプトの実現のために「企業の仕組みの中でERPのフロント機能を担当する」というポジショニングと、「日々の業務管理を徹底的に効率化して、コンプライアンスや内部統制を面倒で後ろ向きの作業ではなく、本業にも価値を生み出せるようにする」「生産性を向上するための習慣をつくるツール化」という二つのベネフィ

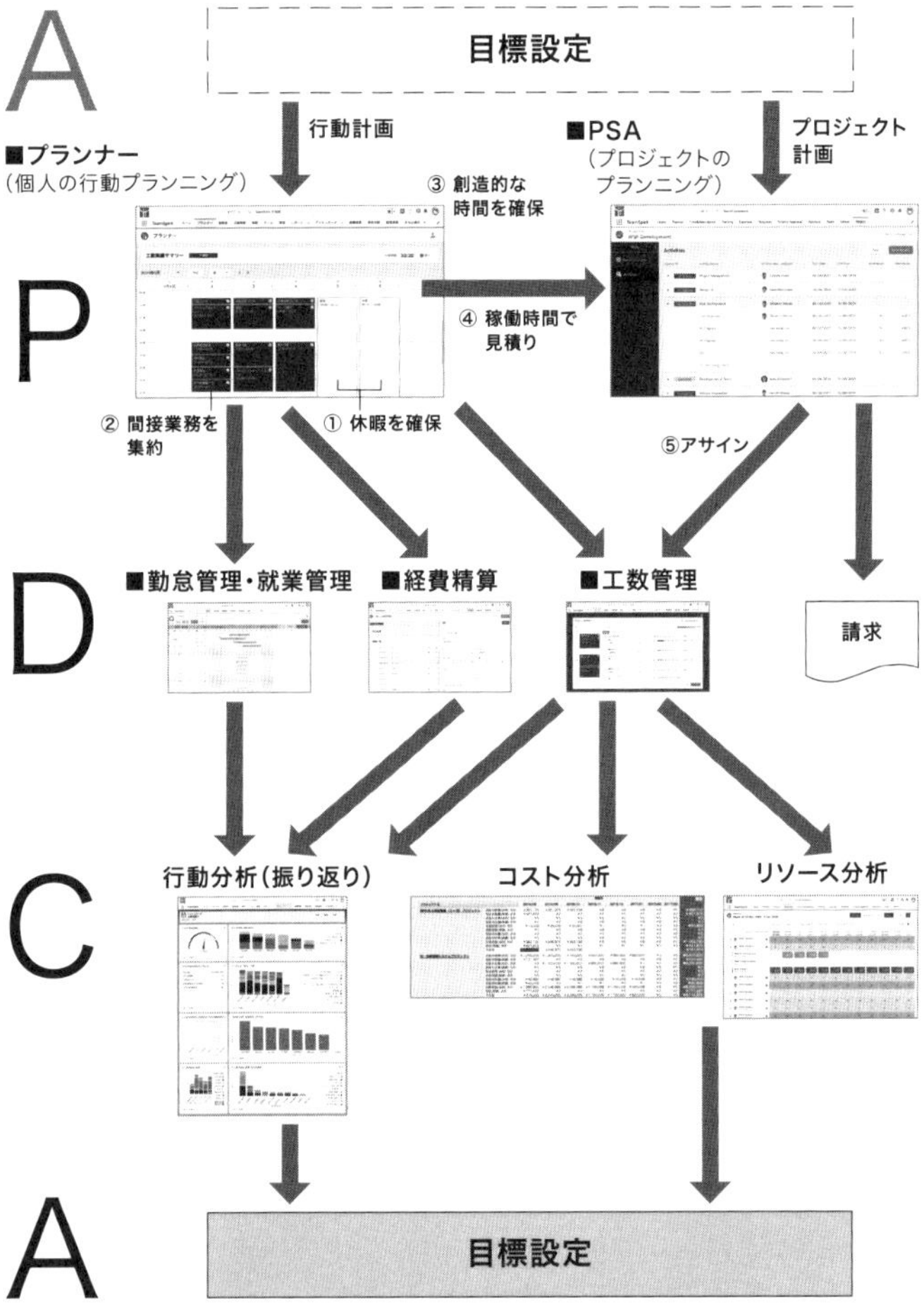


図表6-3　TeamSpiritの活用イメージ

ットが生まれました。機能についてはそれを実現する手段でしかないのです。

## 業務効率化から、さらにその先をめざして

システム化により間接業務が効率化されたとしても、まだまだ入力しないといけない作業が残っていますが、将来的にはこうした作業も自動化されていくと考えています。第1章でAmazon GOの無人店舗について述べましたが、そのイメージに近く、従業員の日々の活動そのものがデータとして記録され、自動的に工数管理、経費精算などが行われていくでしょう。従業員は記録されたデータを確認するだけでよく、改めてデータを入力する手間がなくなるのです。

勤怠管理と工数管理については、TeamSpiritでは、パソコンにログインした時間、カレンダーに予定した作業時間、ログアウトした時間などから自動的に記録がとられていきます。作業内容も記録されるため、どんな作業にどれくらい時間を費やしているのかもグラフでわかりやすく表示されます。現状を知ることで、自分の

業務の効率化の目標を立てることができ、それに従って業務改善を進められます。

経費精算の自動化も進めており、スケジュールを登録するだけで、経費精算ができるような機能も用意します。あらかじめ訪問先の住所をプランナーに登録しておけば、それぞれの住所間の交通費を算出してくれる仕組みです。これにより、経費精算の事務にかかっていた時間が大きく削減できます。

将来的には、センサーや位置情報も組み合わせて、より正確な訪問先や帰宅などを検知することも可能と考えています。従業員は、1日の終わりに1日の行動ログがまとまったメールを受け取ります。そこには、出勤時間、退勤時間、交通にかかった時間、経路、費用、1日の作業内容などが表示されます。間違いがあれば修正して送信すれば完了です。

DXの視点からは、工数管理、経費管理、スケジュール、タスク管理などが一体化され、リアルタイムなデータの分析が可能になることで、蓄積したデータに基づいた働き方のレコメンドなど、働く人をＡＩがサポートするような方向性での機能強化が考えられます。たとえばその人の妻や夫の誕生日の前に、花束を注文するようなレコメンドが表示されるような、業務だけでなくその人のプライベートライフまで支援する取り組みも夢ではありません。ＥＲＰの延長線で考えるのではなく、「働く人のためのプラットフォーム」という考え方に立てば、さまざまなアイデアと成長の方向性が見えてくるのです。

## SaaSだからこそ、考えなければいけないこと

ＳａａＳ／サブスクリプションが、従来型の受託開発や、オンプレミスの環境で使うパッケージソフトのビジネスと異なる収益モデルを持つことはすでに述べました。ここでもう一つ大きな違いについて語りたいと思います。それは「ＳａａＳとはインターネットを通じて利用するサービスである」ということです。もはやクラウドのアプリケーションを使うことが日常化し、それがインターネットを介して使っていることを意識することは少なくなりましたが、インターネットを通じて利用するサービス

であることで地域・言語・国境の枠を超えて使われるということは重要です。

つまり、販売する場所に制限がなくなるのですが、言葉を換えればグローバルの利用を前提としなければならないということでもあります。マイクロソフトのOffice365はもちろん、最近のJiraやSlack、Boxというサービスはあっというまにグローバルに拡大しました。皆さんの中にも最近のITは海外製品の利用が増えて、国産のツールは減っていることに気がついている方も多いと思います。

したがって、これからの**SaaS／サブスクリプションを展開していくためには、グローバルに展開できることが条件**になります、つまり多言語化や簡易で直感的な操作ができること、さまざまな通貨、税制に対応することです。さらにプロダクトだけでなく、プロモーション（顧客の獲得方法）や販売方法のネット対応、導入作業やサポートに関しても広範囲をカバーするためにネットで対応できるようにするなど――これらの諸条件をクリアして、世界に通用するサービスをつくることがこれからのSaaS／サブスクリプション企業の条件になります。つまり、SaaS／サブスクリプションのビジネスを展開するのならば、世界市場を狙わないのはありえないということです。

では、世界市場をめざしスケールできるなら、チームスピリットはＳａａＳ／サブスクリプションであればどのような分野でも取り組むのか？　と問われれば答えはノーです。

私たちのミッションは「すべての人を、創造する人に。」というもの。そのミッションとの整合性がないビジネスは行いません。

それではなぜ「すべての人を、創造する人に。」というミッションにたどり着いたのか？――筆者がチームスピリットを創業し、ミッションにたどり着くまでのストーリーを次章でお話ししましょう。

■MISSION

**すべての人を、創造する人に。**

すべての人が創造性を発揮し、人の数だけ世界を変えていく。
チームスピリットは、変化を巻き起こす機会を創る会社であり続けます。

■VISION

**個を強く。チームを強く。**

一人ひとりの挑戦するチカラに加速力をもたらし、一人ひとりが主人公となって動く。
強い「個の集団」が生まれ、あらゆる壁を超えていく世の中を実現します。

■CORE VALUE

Customer-Success
お客様の成功を唯一の判断基準にする。

Progress
光速で失敗し、光速で進化する。

Innovation
スケールを超えた発想で、無から有を生む。

Creation
意図的に昨日を壊し、意志を込めて明日を創る。

Team Spirit
オープンで高潔な仲間と働く。

図表6-4　チームスピリットのミッション、ビジョン

# 第4部

# チームスピリットの軌跡

第７章

# すべては起業後の出会いから学んだ――チームスピリットのストーリー

## 「やらされること」に反発していた

あなたは夏休みの宿題は、計画的に進めるタイプでしたか？
それとも、夏休み開始早々に終わらせてスッキリするタイプ？
いや、やっぱり最終日に慌てて取り掛かるタイプ？

雑談でよく話題にのぼるテーマですが、意外に本人の性格や仕事の進め方に通じるところがあります。

さて筆者はといえば、いずれのタイプでもありません。夏休みの宿題にまったく手を付けずに、そのまま乗り切るタイプでした。最近夏休みの宿題をやらずにいる自分の心境の記録を自由研究にした小学生の記事を見ましたが、少し苦い思い出とともに笑えました。

興味のあることには集中してエンドレスでできるのですが、気持ちの乗らないこと、特にやるべき意味が見えないのにやらされることに反発するのは、そのまま今につながっているようです。

その性格が仇になって、学生時代は落ちこぼれと言われる人生を歩んでいました。

私が育ったのは埼玉県のある街の商店街で、生家はその商店街で美容院を営んでいました。友だちの親も商店街のお店を営んでいたり、工場や工務店を経営したり、そこで働いていたりしていることが多く、スーツを着て会社に行くような、いわゆるサラリーマンの家庭はほとんどありませんでした。そのため自分が将来サラリーマンになるというイメージは持てませんでしたし、特定の職業へのあこがれもありませんでした。

高校3年で進路を決める段階でも、将来像をまったく描けていませんでした。それどころか、どんな仕事があるのかもわかっていません。周囲の友だちはとりあえず経営学部や経済学部を受験する人がほとんどでした。友だちがそろいもそろって経営や経済学に興味を持っていたとは、と驚いたのを覚えています。

## 将来が見えずに選んだデザインの道

そのとき、自分が一番好きだったのは絵を描くことだったので、美術系の大学を受験することにしました。美術系の大学の入試対策として、学校に行くかたわら、美術系専門の予備校に入学してデッサンなどを学びました。しかし、付け焼き刃ではうまくいかず、高校生での受験は全滅、一浪して再度受験しましたが、また不合格となってしまいました。2回受験に失敗したときには、どうしても美大に入らなければいけない理由もないな、と思いすっぱりとあきらめることにしました。

そのあと、鶯谷にあるデザインの専門学校に入学しました。この専門学校に入学して、最初の授業で先生から言われたことを今でもはっきり覚えています。

「これからデザインを学ぶ皆さんですが、デザイナーになる人はほとんどいないでしょう。そのかわり、デザインを学ぶことでよい消費者になれるでしょう」

意気揚々と入学したのに、出鼻を挫かれた気分になりましたが、結果その通りになりました。私の人生の中で、何人かアドバイスや助言をくれた方々がいますが、言われた通りになったことがいくつかあります。自分よりも人生経験が多い先輩方が見てきた「よくあるパターン」なのでしょうが、渦中にいる自分はそれにはまっていることに気づきません。今、振り返ってみると、言われた通りになったな、と感じるのです。

## デザインの才能がないことに気づいた社会人１年目

専門学校を卒業した１９８３年、日立系のデザイン事務所にグラフィックデザイナーとして入社しました。日立系といっても子会社のまた子会社のさらにその子会社くらいの位置付けの小さな会社です。そのとき私はすでに、自分にはイラストなどの才能がないことに気づいていました。挿絵などを書いても、自分でその出来映えに納得できないのですから、周囲の評価も芳しくありません。絵を描くのが得意ということと、よいデザイナーになることの間には、大きな隔たりがあることを早々に悟ったのです。

入社したデザイン事務所では、カタログのレイアウトなどを担当することになりました。写真の配置場所を決めて、その下に写真の説明を入れて……といった作業を手作業で行い、文字は写植屋さんにお願いして指定したサイズで印刷してもらい、それを切って版下に貼り付けます。写真の加工をするときは、職人がエアブラシなどの道具を使ってフィルムを加工します。版下と写真がそろったら印刷所に送って、印刷してもらいます。

ＤＴＰが登場して、これらの作業はデジタル化（デジタイズ）され一気に効率化されました。写真の加工もソフトウェア上で、「エアブラシ」という機能を使い加工します。エアブラシというのは、フィルム時代の名残りなんですね。時は流れ、写植職人、エアブラシ職人の仕事はなくなってしまいました。

## 誰もやっていないことを「やるしかなかった」

最初に就職したデザイン事務所は、働いていた人と反りが合わず、1年もせずに辞めてしまいました。次は何をやろうかと考えていたときに、ある変化をきっかけにコンピュータグラフィックの道に進むことを決意します。

そのきっかけになったのが、NHKのニュースの前に流れる時計の時報でした。アナログ放送の終了で、この時報は使われなくなりましたが、ニュースの開始前に時計の画像が表示されていたことを覚えている方も多いでしょう。

この時報は、開始当初は本物の時計をカメラで接写して放送していました。今でも、

ＮＨＫ放送博物館にて展示されている時計（青版）
『フリー百科事典　ウィキペディア日本語版』より

ＮＨＫの博物館に時計が保管されています。この時計が、ＣＧに変わったときがありました。これを見て、これからはコンピュータの時代になると直感したのです。

そこで、コンピュータグラフィックの会社を探しましたが、当時はそもそもＣＧを仕事にしている企業自体が少なく求人もなかったので、コンピュータにより世界を変える点では同じだろうということで、未経験者を採用していた独立系のソフトウェアハウスであるＩＮＳという会社にプログラマーとして入りました。イラスト、デザインの才能には限界を感じたので、生き残り戦略として、これまでの世の中にない仕事、これから伸びるであろう領域を選んだのです。そのときの自分は勝負できるスキルがなかったので、とにかく、今誰もやっていないことをやるしかなかったのです。

## プログラマーとしても挫折。でもわずかに見えた光明

プログラマーとして入社した会社にあったオフィスコンピュータ（オフコン）がNECのパソコンN５２００。ちょうど、１バイトから２バイトコードに切り替わったタイミングで、これまで半角カナで入力していた日本語を、ひらがな、漢字など２バイトコードで入力できるようになりました。その会社では、大手企業の顧客データを漢字で入力しなおすという仕事を受注していました。

その会社の社長は和文タイプライターを改造して、印字のための活字に文字コードをバーコード登録し、センサーでスキャンすると入力できるシステムを開発した人でした。さらに和文タイプライターと同じ盤面になっているキーボードを特注し、そこから入力できるシステムをつくり、和文タイピストを雇って、効率的に漢字入力を行うという、今でいうスタートアップの会社でした。

しかし、この仕事も顧客データの入力が完了すれば終わりですから、次第にプログラム開発に事業が変わっていくことになりました。作成したプログラムを、８インチのフロッピーディスクに記録していた時代から、この会社はビジネス用のアプリのプログラミングを始めたのです。

文字入力の仕事はおもしろくありませんでしたが、ビジネス用のアプリの開発はとてもワクワクしました。その会社は東芝との取引があり、東芝から委託を受けて業務管理のアプリなどを開発するようになりました。しかし、ここで大きな転機が訪れました。プログラマーに向いていないと判断されたのかもしれませんが、私が営業や企画を担当するようになったのです。

当時、東芝では「トスファイル」という文書記録ファイル装置を開発していました。これは、12インチ（直径30センチほど）の光ディスクに1万枚程度の書類や設計図面を書き込むことができるファイルシステムです。東芝はそのトスファイルをホストコンピュータとして、他のパソコンなどの通信機器とＴＣＰ／ＩＰ通信で接続できる通信ソフトを開発していましたが、ＩＮＳではその開発の受託を引き受けたのです。

さらに、東芝が開発した通信ソフトはホストコンピュータ側にインストールするものなので、パソコン側で受信したイメージデータを表示させるソフトを私が企画して、自社プロダクトとして開発することになりました。

端末に受信した画像を表示させるプログラムは、社内のエンジニアの有本陽助に依頼しました。有本は、このときまだ東京工業大学の学生アルバイトから正社員になったばかりだったと思います。実は彼が、現在チームスピリットのＣＴＯです。

このプログラムは、「サイドバインダー」という名前をつけて販売しました。これはガラガラヘビやミサイルを意味する「サイドワインダー」をもじったもので、トスファイルの文書をパソコンで気軽に表示できるデジタルのバインダーという意味を込めて名付けたのです。

サイドバインダーは、大手自動車会社などの製造業や鉄道会社などに大いに売れました。トスファイル本体は数千万円するシステムなので、いくら大企業といえども何台も導入はできません。しかしパソコン側にサイドバインダーがあれば、トスファイルにアクセスして図面を表示できるようになるので、多くの企業が欲しがりました。とはいえ、ノートパソコンが一台１００万円以上もする時代の話です。

サイドバインダーがヒットしたので、私はオープンシステム事業部を立ち上げ、その事業部長になりました。学業もだめ、デザイナーもだめ、プログラマーもだめと続いていた私の人生の中で、事業の企画やマーケティングなどなら少しは自分が向いていることがわかったのです。

## セミナーを成功させるために１００万円の投資

この頃、東芝からお客様向けにセミナーをやってほしいと依頼がありました。セミナーなんてそれまでやったことがありませんでしたが、私はやったことがなくてもまずは引き受ける主義。依頼を受けて二つ返事で了承しました。

プレゼン資料は、まだOHPが主流の頃です。全部手書きのOHPはダサい、と思った私は、自腹でマッキントッシュ　SE／30を購入しました。HPのデスクライター（プリンター）を使ってOHPが作成できるからです。メモリの増設などを含め、100万円の買い物でした。

人生初セミナーにはなんと300人が集まっていました。緊張しながらのプレゼンではありましたが、最新のDTPソフトを使ってつくったプレゼン資料は聴講者には新鮮だったようで、セミナーは大好評でした。その後の提案書づくりはすべてこのマッキントッシュで行いました。一度は挫折したデザイナーの道でしたが、デジタル化を組み合わせることで提案書のレベルが格段に上がり、商談の成約率も上がりました。むしろデザインを本職にしないことでのスキルが生きたのです。そしてこれまで手作業でやっていたことをコンピュータに変える、つまり第一次DXの最前線を体験し、そのチャンスを大いに活かせたと思います。

22歳から14年間働き、自分の強みを発見させてくれたこの会社を、その後私は36歳で去ることになります。

## パソコン通信をきっかけに起業への決意を固める

会社を辞めることを決めたのは、もともと起業するつもりだったからです。30歳までに独立したいと考えていましたがなかなか踏ん切りがつかず、36歳になっていました。大縄跳びで、自分の番が来ているのにいつまでもタイミングがとれずに中に入れない、次こそはと思っているのにまた縄が回るのを見送ってしまう、そんなもどかしさを30歳以降は常に抱えていました。

起業の方向に大きく動き出すきっかけになったのは、マッキントッシュ　SE／30を有効に利用しようとして始めたパソコン通信でした。ニフティサーブにはたくさんの会議室が設定されていて、テーマごとにディープなディスカッションが盛んに行われていました。私が入ったのは起業の会議室で、その中に現在、株式会社グロービスの代表取締役である堀義人さんも参加されていました。堀さんがビジネスに関する問いかけを会議室に投げかけると、集まっている人たちが侃侃諤諤の議論をします。非常に活気があって、高度な議論が行われており、その場にいるだけで起業への意欲が湧いてきました。

あるとき、堀さんがオフ会を開催するというので、私は幹事を買って出ました。会場は堀さんが麹町のグロービスの教室を提供してくれることになりました。今でも名刺を持っていますが、会議室でおなじみの人たちが30人ほど参加し、オフ会は非常に盛り上がりました。さて、当時堀さんは、グロービスを起業したばかりの頃。私たちは彼のビジネススクールに誘われ、まんまと（？）生徒になりました。堀さんはパソコン通信を使って、入学する確率の高い見込み客を探すというデジタルマーケティングを展開していたわけです。

かくして私は、グロービスで起業と経営戦略について学びました。受験のときは学ぶことを想像できなかった経営に関して、社会人になってから学びにいくようになるなど思いもしませんでした。そして、たまたまその教室で一緒になったのが株式会社フィードフォースの代表取締役、塚田耕司さんです。この出会いがきっかけとなり、彼を含めた４人で起業することになりました。

堀さん、塚田さんとの出会いは、結果的に思い切って購入したマッキントッシュSE／30がきっかけになったといえるでしょう。一つの買い物が偶然に、人生にとっての重要な出会いにつながったのです。

## 「やってはいけない」をやってしまった最初の起業

起業することを決めてから、1年ほどは仕事を続けながら準備をしていました。仕事が終わってから、あるいは土日に起業メンバーの４人が集まって、どういうビジネスをするのか話し合いながら事業計画を立てていったのです。あるときには、顧客の購入履歴や購入頻度などに応じてオンラインでクーポンが配布されるようなクーポンサービスを企画して、ピザチェーン店などに提案したこともありました。また、今でいうキンコーズとＷｅＷｏｒｋを足したようなシェアオフィスを計画したりもしました。夢も希望もあって、本当に楽しい時間でした。

同時に、苦しい始動でもありました。結局は１９９６年10月に、事業計画も半端、見込み客もいないという宙ぶらりんの状態での起業となったからです。それでも堀さんやグロービスの経営陣が個人で出資してくれたこともあって、残りの資本金は均等に分担して出資し起業することになりました。

私たちがめざしていたのはマーケティングの仕事でしたが、話は二転三転して、結果ウェブサイト制作をメインの事業にすることにしたのです。

しかし、なかなかそういった仕事は受注できず、前職の東芝の縁を活かしてプログラム開発の仕事を受注し、外部スタッフに協力してもらいながら業務を行っていました。ところが登記して１カ月後に、私はこの会社を離脱することになります。

離脱の理由は、やはりビジネスの方向性の不一致です。実は堀さんから以前、「均等の出資はうまくいかない」という助言を受けていました。私たちは、ダメと言われたことをやってしまいました。

ただ、その会社自体は私が離脱した後も続いていて、塚田さんが代表となり成長しました。堀さんは投資した分をしっかり回収したと聞いています。その後、塚田さんも独立してフィードフォースを設立し、２０１９年にＩＰＯ（株式公開）しています。

## 自分がやりたいことをやろうと1人で再起

一つ目の起業は私にとっては失敗に終わりました。ネットで知り合った４人での起業で、夢はあるけれどビジョンが一致しなかったことが分裂の原因です。ビジョンが一致しないまま、その日を暮らすためのお金が必要という現実に引っ張られて、私たちにとっては本意でなかったウェブサイト制作やプログラム開発ということをするようになってしまったことが原因で、続けることができなかったのです。

たった1人になった私は、1996年11月にデジタルコーストという自分の会社を設立しました。従業員のいない1人会社でしたので、個人事業主でもよかったのですが、大きな会社と取引するには会社と名刺が必要だと考えて、法人登記しました。

最初に起業した会社を離れた後、お世話になっていた東芝の担当者に会いに行きました。私はこれから自分がやりたい事業について熱く語りましたが、相手は私の顔色を見て大変な状況にあることを察してくれたのか、「遊んでいるくらいなら手伝って欲しい」と仕事を発注してくれました。このときは、会社として人材派遣事業の登録申請をして自分を派遣する形で東芝に入り、前職で携わっていたトスファイル関係のコンサルタント兼SEをすることになりました。

なお、当時は新会社（有限会社）を設立するのに資本金300万円が必要でした。前に起業した会社から返してもらった出資金、妻が子どものために貯めていた貯金を合わせても300万円には届かなかったのですが、私を引き上げてくれた東芝のその方が、個人的に50万円をポンと出してくれたのです。しかしそのまま受け取るわけにはいかないと思い「いつか必ずお返しする」と言うと、「お金の貸し借りにすると、必ず揉めごとになる。そんなことになるくらいなら最初から貸し借りではなく、君にあげたい」と男気を見せてくれました。そのお金を合わせて資本金を用意でき、無事に法人化することができました。

## プロデューサーとして、東芝のプロジェクトを担当

最初の1年は、電鉄会社や原子力系企業がトスファイルを導入するための設計作業、営業と同行してのプレセールスを行っていました。

クライアントを訪問するとき、私はわからないことは何でも相手に聞くようにします。同行する営業からは「コンサルタントなんだから、もう少し、わかっている風に話をしてほしい」と言われたことがありました。威厳を見せろ、ということでしょう。しかし、私はわかったフリをして話を進めてしまうよりも、自分のわからないことはきちんと聞いておきたいのです。「ここがわからない」と言えば、相手は嫌がらずに

教えてくれます、そこではリアルな学びがあります。そのうえで、こちらはこちらの専門領域を説明すればいいのです。

実はこの「わかっているフリ」というのはとても恐ろしいことです。今までの知識や常識に囚われ、新しい知識の開拓や創造的な活動に目を向けることができなくなってしまうからです。

私のコンプレックスかもしれませんが、高い教育を受けた人ほど「知っている、わかっている」と言う傾向があるように感じます、きっと世の中のことも学校のテストのように決まった答えがあると思っているのではないでしょうか、その答えを知っていることが価値だと勘違いしているのではないかと思います。

相手の専門領域やプロジェクトの詳細について、知らないのは恥ずかしいことではありません。学校のテストではないのですから、その知識があることよりも、むしろお互いの認識を正しく合わせたうえでこの先どうしていくべきか、という新しい発想を生み出す前向きなディスカッションをすることが価値だと思うのです。

その翌年、１９９７年から、金融事業部で銀行向けのトスファイルの導入などのコンサルティングをやってほしいと声がかかりました。当時は、金融機関の大型合併が相次いで、支店の統廃合などで金融業界は大揺れの状況だったのです。銀行の支店の資産の一つが顧客との契約書です。この契約書をスキャンして電子化し、パソコンで見られるようにしたい、そこにトスファイルを利用したいということでした。

ある銀行でその契約書管理の仕組みをつくったあと、その仕様を標準化して地方銀行30行ほどに提案して回りました。企画、マーケティング、プレセールス、ウェブ制作、カタログ制作までのすべてを担当し、地銀といえども頭取に会って直接説明をするようなこともありました。

その当時、私は東芝の名刺を持って活動していましたが、外部スタッフですから役職はありません。その名刺を見た東芝の部長が、「頭取に会いに行くような者に肩書がないのでは説得力がかけるので、自分より偉くなければ好きな肩書をつけていい」と言われました。そこで当時の仕事を自分なりに分析して、この仕事の役割はプロデュースをしていくことだなと考え、プロデューサーという肩書をつけることにしました。当時、プロデューサーという役職は私だけでしたが、このときに見つけたこの肩書は、私ができることが何なのかを示してくれる言葉となりました。

## 銀行のリスク量算出システムを開発

金融系の仕事をする中で、新しい相談を受けました。銀行は、国際決済銀行によるバーゼル規制（ＢＩＳ『Bank for International Settlement』規制）によって自己資本比率を定めており、すべての銀行はこのルールに則って営業しなければなりません。巨額の貸し倒れなどの損失が発生しても、自己資本によって賄えれば、経済的な影響が大きい倒産などを避けられるためです。この自己資本比率を決めるには、リスク量を算出する必要があります。

このリスク量算出にあたっては、市場リスク、信用リスクなどが加味されますが、２００４年にバーゼル銀行監督委員会より、オペレーショナルリスクを含めるようにという通達がありました。ただし、英文のガイドラインはあっても、どのように加味するべきかという具体的なルールは示されないので、各銀行がそれぞれにリスク算出を行わなければなりませんでした。

オペレーショナルリスクには、たとえば、震災で支店が被災して銀行業務が運用できなくなる、本店が倒壊してコンピュータが使えなくなるといった災害リスクがありますが、こうした大規模災害は滅多に発生しないため、過去のデータが存在しません。

一方で、日々のクレームや手続きのミスなどは一定量発生して、多くの場合記録されています。そこで、銀行のオペレーション損失データ収集のために事務事故やクレームを登録できるシステムを開発し、地方銀行を中心に20行近く販売しました。

銀行1行ではデータ量に限界があるので、地銀を集めたコンソーシアムを設立し、統計の専門家とペアを組んで、クレームや事故の件数などを統計モデルのアルゴリズムに取り入れ、リスクを予測するシステムを開発することにしたのです。そのためのコンソーシアムでデータを集めてモデリングし、検証することも企画しました。このシステムには２００３年から２０１０年まで携わりました。

## クラウドサービスとの衝撃的な出会い

銀行のシステムを担当するまでは、起業した会社には私しかいませんでしたが、設計したリスク管理システムのコア部分を開発することになり、エンジニアが必要になりました。そこで、声をかけたのがトスファイルのパソコン版、サイドバインダーを開発した前職の仲間で、その中に有本もいました。その後２００７年から２０１０年の間に、毎年1人ずつエンジニアを引っ張ってきました。

この頃、クラウドサービスとの衝撃的な出会いがありました。一つは、ドイツのある会社が開発した金融機関向けのマネーロンダリング検知システムです。これは、銀行の取引からマネーロンダリングの兆候を検知し、アラートを通知するシステムです。

このシステムは当時としては画期的な、ＡＳＰ型*サービスとして提供されていました。ヨーロッパは大きな銀行があまりなく、ほぼ地方銀行規模の銀行ばかりなのですが、ヨーロッパの複数の銀行がこのシステムを採用しました。地銀規模といえども、銀行のような堅牢なシステムを求める業界がＡＳＰ型サービスを採用するのか、という衝撃を受けたことを覚えています。東芝はサーバやストレージを販売するのが仕事ですから、銀行がそれらを自社で持たず外部に持たせるＡＳＰサービスを選んだことに、これまでとは違う方向から新しいビジネスモデルの風が吹いているのを感じたのです。

もう一つ出会いがありました。こちらのほうが衝撃の度合いとしては大きいものだったと思います。当時私は、先に述べたクレームを登録できるシステムを開発して、それを銀行などに販売するプロジェクトに携わっていました。

このシステムは、民営化後のゆうちょ銀行にも採用されたのですが、その後日本郵便株式会社にも同様の機能を含む顧客情報管理システムの提案に行きました。納期の短い案件で銀行の導入実績があったので、それなりに自信がありました。しかし、結果は不採用。別の会社が採用されたというのです。そのときは、採用された会社がどこなのかわかりませんでしたが、自分たちの牙城と思っていた領域に入り込まれて、愕然としました。しばらくして、この提案を勝ち取ったのは、日本に上陸したばかりのセールスフォース・ドットコムだという情報を得ました。多数の拠点を結ぶシステムが、あの短納期で納品できることに衝撃を受けたことを覚えています。

この二つの経験から、これからのビジネス向けシステムはクラウドの時代に突入する、流れが変わると確信しました。これまで、大型コンピュータからオフコン、そしてパソコンへ、ＵＮＩＸ系ＯＳからＷｉｎｄｏｗｓ ＯＳへ、キャラクターベースの画面からからブラウザへ、というように、テクノロジーの変遷で環境がどんどん進化していく様子を目の当たりにしてきました。テクノロジーが変わると、登場人物であるベンダーも変わります。何よりもそれまでシステムを納品していたサーバルームに、サーバが一台もなくなるイメージが脳裏を横切りました。これはまた大きな変化にな

＊アプリケーション・サービス・プロバイダ：インターネットを通じて遠隔からソフトウェアを利用させる

ると、ワクワクしたのです。

## セールスフォース・ドットコムからの想定外のオファー

クラウドとの出会いがあった２００８年は、大手投資会社リーマン・ブラザーズの経営破綻で世界的な経済危機に陥った、いわゆるリーマンショックの年です。私が起業した会社は、リーマンショック以前に受注した受託開発の仕事があったので、最高益で当面の余裕はありましたが、その先は不透明な時代でした。

そこで私は、すでに優秀なエンジニアがいて、世の中がクラウドの時代に変わろうとしているのだからと、このまま受託開発の仕事を続けるのではなく、クラウドで自分のプロダクトを生み出すことを決意しました。

２００９年7月、伝手をたどって日本のセールスフォース・ドットコムを訪問すると、現在もマーケティングディレクターを務める田崎純一郎さんが応対してくれました。私はサービスを研究していましたが、ビジネスとしてどんな関係が築けるのか根掘り葉掘り突っ込むと、田崎さんはとても丁寧に説明してくださいました。そして、彼から仰天するようなオファーを受けたのです。「９月に都内でクラウドフォースという大規模なイベントを開催するので、そこにブースを出展しないか」。パートナーに関して情報交換に行ったら、２カ月後のイベント出展に誘われるとは！　と驚いていると、田崎さんは「今日が早期割引の最終日だ」と付け加えました。私は何事もまずは引き受ける主義。依頼を受けてその場で出展することを決めていました。

こうして私の会社は、セールスフォース・ドットコムのイベントにブースを出展することが決まりました。しかし、受託開発を主業務にしていたため自社プロダクトは持っていません。２カ月で何かプロダクトを開発しなければならない。エンジニアにそう伝えました。

何をつくるかを考えて思いついたのが、官公庁や政府系機関のための入札管理システムです。官公庁や政府系組織の場合、すべて入札で委託先を選定します。入札では金額だけでなく、納期、実績、品質、システム要件などさまざまな条件を加味する総合評価方式で最終的に落札者が決まります。たとえば工事であれば、騒音のレベルや環境への配慮など、業界によって異なる条件を踏まえて選定されるのです。

私たちはこれらの要件を登録して、統計的に処理できる入札管理システムを開発しました。これがあれば、公平に入札要件を評価して、最も評価の高いところを簡単に決定できます。このシステムを展示会に出展したところ、デモを見た人から「これはどこ向けの製品なのか」と問われました。私は自信を持って「もちろん入札で業者を選定する官公庁ですよ」と答えました。しかしその人は「役所は評価が最も高いところではなくて、あらかじめ決めている注文したいところに落札させるんだよ」とつぶやいて去っていったのです。私はその一言ですべてを悟りました。顧客のことを考えず、プロダクトのアイデアだけで開発してしまった、いうならばプロダクトアウトの製品をつくってしまったのだと気づいたのです。しかし、このシステムは人事評価に使えることにも気がつき、人事評価の方法として特許を取得しました、やはり失敗は成功の母なのです。

## 「TeamSpirit」の前身となる「アッと@勤務」

２０１０年に入ると、自社の従業員が増えて労務管理などが必要になったので、労務管理、人事管理ができるシステムを探していました。会社というのは、社長１人でやっているときと、従業員が複数いるときとでは、人事労務関連の難易度がまったく異なります。１人の場合は役員しかいないので厳密な管理は求められませんが、従業員がいれば勤怠管理、社会保険料の算定など事務処理コストがかかります。前述の通り、働き方改革によって、労働時間についてはこれまで以上に客観的に把握できるような仕組みを用意しなければいけなくなりました。もちろん、採用においても社内制度が整っており、法令に従って管理されているかどうかは応募者から評価される点なので、優秀な人材を採用するうえでも必要なのです。

まずは勤怠管理ができるソフトウェアを探したところ、Ｅｘｃｅｌもあれば、専用業務ソフトウェアもあり、たくさんの選択肢がありました。しかし、どれを見てもピンとこない、使いたくなるようなものがありません。２００９年頃、日本でＴｗｉｔ ｔｅｒが話題になっていたときで、私もそのＵＩデザインに心を打たれました。業務システムもＴｗｉｔｔｅｒのようにライトでスタイリッシュなＵＩを設計すればいいのにとぼやいた後に、それならば自分たちでつくろうと考えて、ゼロから勤怠管理システムを開発することにしました。

人事労務管理の中でもまず勤怠管理の開発を選んだのは、自分たちが必要だったことに加えて、従業員一人ひとりが使うシステムだからです。いずれは特許を取った人事評価システムとの連携も視野に入れていました。人事部や経理部向けの特定部署だけが使うシステムなら、１社に一つあればいいことになりますが、従業員全員が使う勤怠管理システムならその分のライセンス数が必要で、またデータも蓄積できます。そこでセールスフォース・ドットコムが提供しているクラウドプラットフォーム「Ｆｏｒｃｅ．ｃｏｍ」で動く、ＳａａＳアプリとして開発することにしました。

想定外だったことは、勤怠管理の仕様作成が想像以上に難しかったことです。ある企業のひとつのパターンに対応するだけならとても簡単なのですが、それを汎用的に使えるものにするためには、世の中にあるすべてのパターンを網羅して仕様を検討しなければなりません。勤怠管理の世界では労働基準法という大元のルールはあるものの、それを企業各社がアレンジして使っており、無限に近いパターンがあります、さらにその法的な解釈は都度、労働基準監督署に問い合せることで確認しています、あとで通達という形で公開されるものもありますが、霞が関文学的な表現なのでシステムの仕様にするためには曖昧な点が多く含まれています。つまり世の中にどれだけパターンがあるか分からず、それを仕様として組み込んだ場合の、法的な解釈を私たちだけでは判断できなかったのです。

そこで探し当てたのは、現在もＴｅａｍＳｐｉｒｉｔの法律面の監修をしていただいている佐藤芳子社労士事務所 の佐藤芳子先生です。他の社労士の先生は個別の会社からの相談に対して答えますが、法律や通達から一歩踏み込んで、システムの仕様に落とし込むことはほぼ不可能だと断られていました。佐藤先生も責任の重大さに悩まれたそうですが、ついに監修を引き受けてくださることになりました。これで仕様が決められると一安心したのと同時に、汎用的なサービスを創ることの難しさと、それが実現できたときの差別化が表裏一体である事を学びました。

アイデアが生まれた後は、普段の受託開発の合い間にエンジニアが開発を進めました。合い間といっても、受託開発の業務が終わった後、何日も徹夜をするような形での働き方になってしまい、大きな反省点となりました。この反省の結果、事業を見直しすることになるのですが、それはまた後述します。

苦労の末完成させた勤怠管理システムは、社内だけでなく一般の人も使えるように公開することにしました。これまで私たちは受託開発の仕事しかしてこなかったので、広く一般公開することには不安がありました。ちょうど「ネット上の炎上」も話題になっており、有料でリリースして不具合があった場合、苦情が殺到したら対応する人員もいないので困ると考え、従業員１００人までの企業なら無料でフル機能を利用できるという形で公開しました。そのときの製品名は「アッと@勤務」です。

運がよかったのは、セールスフォース・ドットコムが意図せず後押しをしてくれたことです。同社では、ＳＦＡツールを本格的に販売していましたが、当時1カ月1万５０００円という価格がユーザーにとって割高感があって（今から考えるとそれでも安いが）、販売は簡単ではなさそうでした。

そこでセールスフォース・ドットコムの営業担当者が、Ｓａｌｅｓｆｏｒｃｅを契約すると一緒に無料の勤怠管理がついてくるという、おまけの形で勝手に「アッと＠勤務」の導入を薦めてくれたのです。その結果、リリースしたばかりのプロダクトにもかかわらず、導入実績が増えていくことになりました。

その結果、サービス開始から1年で、１００社以上がこの勤怠管理ツールを利用するようになりました。ユーザーの要望を受けて、修正などアップデートにも対応。受託開発の仕事で売上はたっていたので、この勤怠管理システムで稼ごうとは考えておらず、収益は無視して無料のままでアップデートをしていました。プロダクトを最初は小さくリリースして、ユーザーのフィードバックを受けながら機能追加や改善を行い製品の品質を高めていくという開発手法は、リーンスタートアップと呼ばれます。

当時はリーンスタートアップの概念は知りませんでしたが、振り返ってみればそうした開発モデルに則っていたというのは、面映ゆい気持ちがします。

２０１０年になって、前出の社労士の佐藤先生を招いて、感謝の気持ちを示す宴席を設けました。その際に、佐藤先生から「経営者の悩みの一つが、従業員が今何をやっているのかわからないこと。これがわかるようになると経営者から喜ばれる」という話をうかがいました。どうにかこの課題を解決できないか、しばらく考えた末、Ｔｗｉｔｔｅｒからヒントを得て、単に出勤、退勤を打刻するだけでなく、今の状況を一言書いて、他の従業員に通知できる仕組みを「アッと@勤務」に加えました。「今何している？」というテキスト欄に「出勤しました」「ランチ行ってきます」「外出します、５時戻りです」「帰ります」など、何でも好きなメッセージを入力して、投稿できるようにしたのです。このつぶやき機能が経営者に大好評となり、ＵＸの工夫が重要なことを学びました。

すでにたくさんの類似製品があった勤怠管理システムですが、あるルートで優秀なデザイナーにUIを依頼したことでお客様から高評価をいただき、さらに導入社数が伸びました。システムは星の数ほどあって飽和しているように見えたのに、実は勤怠管理の新しい市場がまだあるなと気づいたのがこのときでした。

## 勤怠管理と経費精算を一つのシステムに

2010年後半から、勤怠管理だけでなく経費精算や工数管理機能を追加するという大型アップデートに取り組むことになりました。経費精算機能を追加することにした理由は、勤怠管理と同様に従業員全員が利用する機能であることが一つ。もう一つは多くの企業が勤怠管理と経費精算に異なるソフトウェアを使っていて、業務が煩雑になっていることでした。

大きな企業になるほど、別のシステムを使っている理由は「勤怠管理は人事系、経費精算は経理系」という部署の縦割り構造によるものであることがほとんどです。従業員全員が使うシステムなのに、なぜ部署の縦割りの事情で従業員に不便を強いるのでしょうか。別のシステムを起動してログインしたり、フォーマットの異なるファイルに入力したりすることは、業務の効率を下げています。

私が東芝で外部スタッフとして働いていた時期は、勤怠管理、経費精算、さらには工数管理を別のシステムでそれぞれ行い、同じ内容を重複して入力していました。当然入力のミスも発生するのですが、事務職の方は、それを紙に印刷して突き合わせてチェックを行っていました。

従業員としても面倒ですが、何より事務職の無駄な業務をなくすため、「部署が違うからシステムが違うのは当たり前」という組織の常識を超えるつもりで、あえて異なる業務の機能を組み入れたのです。

人事部、経理部の人たちだけが使うシステムをバック（オフィス）業務といいますが、従業員が使うのはフロント業務です。そこでフロントウェアというカテゴリーを考案し、商標を登録することにしました。

タイミングよく、２０１０年からセールスフォース・ドットコムはＦｏｒｃｅ．ｃｏｍで開発されたアプリを開発元のブランドで販売できる、ＯＥＭプログラムを開始しました。それまでクラウドプラットフォームをセールスフォース・ドットコムから購入したうえで、ＴｅａｍＳｐｒｉｔのユーザー登録が必要なので、独立したサービスというよりはＶＡＲ（付加価値再販事業者）のように見えていたのですが、クラウドプラットフォームも含めて、ＴｅａｍＳｐｒｉｔのブランドで提供できるようになり、ＳａａＳメーカーとして独り立ちできるようになりました。

こうしてできあがった、勤怠管理システムに経費精算システムが加わった新しいソフトウェア。当初は、「アッと@勤務」のラインで売り出すことを考えましたが、これはもはや新しいシステムだと考え直し、２０１１年３月に「ＴｅａｍＳｐｉｒｉｔ」という名称をつけて、βバージョンながら有料で販売することになりました。当社初の有償自社サービスですが、不思議なことにスタートアップでよく話題になるような、最初のユーザーを捕まえる苦労をすることはほとんどありませんでした。「アッと@勤務」が相当数使われていたため、最初から自社サービス専門の会社というイメージができていたようです。

基本的な機能を無料で提供し幅広くユーザーを集め、一部の高度な機能やサポートを有料で提供することをフリーミアム戦略と呼びますが、そんな知識はなしに気がつけばここでも自然とその戦略を採用していたことになります。

## 働き方の見直しで受託をストップ

先程少し触れましたが、「アッと@勤務」の開発は、受託開発と並行して行っていました。２００９年には過去最高収益で、それ以降も受託開発の事業が非常に好調でした。受託開発業務は多忙で、エンジニアたちはその業務が終わってから徹夜で「アッと@勤務」の開発を行っていました。

彼らは、私がもともと働いていたソフトハウスから引き抜いたメンバーですから、若手ではなく40代に突入するベテランエンジニアです。最高益となったのも、彼らに経験、知識、スキルなどがあり、人月単価が高くなり受注金額が上がっていたことが要因です。完全請負ではなく、派遣型での請負でしたので、作業時間分の費用を請求でき、徹夜などで生産性が下がって時間がかかってしまっても、その分売上高は上がります。しかし同時に、このまま受託の開発を主力事業にしながら徹夜をするような労働環境では、エンジニアが体を壊して続かないという危機感を抱き始めました。

またファイナンスの視点では、受託開発の場合、基本的に人材を安く仕入れて、その能力をクライアントに高く売ることでの差額が利益になります。一時的に利益が出てもそれを有効に投資する方法がありません。つまり日々の生活は賄えても、新たな価値を生み出すビジネスモデルとは言い難いのです。

そこで私は、一時的にクライアントからの売上がなくなってもかまわないとし、自社プロダクト開発に注力することにしました。これまでは片手間でつくっていたものに本気で取り組み、有料化する方向に舵を切ったのです。受託開発は、たとえるならば金の卵を産める鶏を鶏のまま食べてしまうようなもの。「よい製品＝金の卵」を産める環境を用意して、「鶏＝エンジニア」に金の卵を産んでもらうことをめざしたのです。もちろん、自社プロダクト開発にシフトしてからも徹夜作業になることはありましたが、他人（クライアント）のために無理しているのではなく、自分たちの製品をよくするための作業なので、モチベーションも違います。

決断をした２０１０年末から11年初頭にかけては、受託開発の仕事をやめて、それまでの利益と銀行からの借入金でプロダクト開発に注力しました。売上がないのに、２０１１年1月、２月には、１人ずつエンジニアを新規採用しています。入るお金がないのに人を増やすので、出ていくお金が増えていき、経営者としては肝の冷える状況ではありました。

こんなチャレンジをしたのは、資金調達のためです。資金を調達するには、受託開発の経験と事業計画だけでは投資家に投資してもらえません。投資する事業がビジネスとして利益を生むようになるかわからないからです。このとき私たちに必要だったのは、周囲にこれから向かうビジネスの方向を示せるプロダクトだったのです。しかし、このプロダクトを片手間でつくっていてはスピードが上がりません。そこでスピードを上げるために受託開発の仕事を一切やめてプロダクト開発に専念しました。会社のキャッシュはみるみる減っていきましたが、このときは、まずはプロダクトをつくり、その後は将来的なＩＰＯ（株式公開）をめざして資本調達をしていくことを決意していたので、迷いはありませんでした。

エンジニアたちのがんばりによって、２０１１年3月にリリースできるプロダクト「ＴｅａｍＳｐｉｒｉｔ」が開発できました。そして、セールスフォース・ドットコムからもエンドースメントをもらい、新製品発表のきらびやかなプレスリリースを用意して、3月20日に発表するよう準備を整えました。そしていよいよそのときが迫ってきた3月11日に、東日本大震災が発生したのです。

その日を境に世の中の空気が一変しました。私たち自身も出社すらできない状況で、福島第一原発の被害により、東京では計画停電も予定されていました。世の中は自粛ムード一色であり、ピカピカの新製品発表は場違いになりましたが、プレスリリースは出すことになりました。ただ、全面修正をして、タイトル、内容も「計画停電でも家で仕事をするときの勤怠管理」というような、世相に合わせてトーンダウンしたものになりました。

## 投資家探し

震災の爪痕が残る中、それでも前に進まなければなりません。無我夢中で新製品をリリースし、その後は投資家を探すことになりました。投資家探しでは会社設立以来、顧問税理士として決算処理などにお付き合いいただいていた、現在当社の社外取締役でもある税理士の都 賢治さんが尽力してくれました。彼はもともとグロービスの取締役をされていた方（現在は監査役）で、堀さん経由で紹介されました。資金調達について相談して初めて知ったのですが、彼はいろいろな会社の監査役を引き受けており、投資家とのつながりもあったのです。彼のつながりの中から、セールスフォース・ドットコムの投資担当の倉林 陽さん（現在は dnx ventures の Managing Director）を紹介してもらいました。倉林さんは２０１１年５月に投資担当として着任したばかり。同社は会社としてはその時点ですでに2社ほど投資実績がありましたが、倉林さんが着任してから初めての投資がチームスピリットとなりました。他にクラウド、ＳａａＳベースのシステム開発をやっている会社がなかった時期だったので、それを手がけている私たちに興味を持ってもらえたのです。

どこにでもある勤怠管理や経費精算を結合したシステムですが、セールスフォース・ドットコムのクラウドプラットフォーム、Ｆｏｒｃｅ．ｃｏｍのネイティブアプリであり、すでに数百社の導入実績があるということから、話は順調に進みました。しかし、最終的な決定の前に、その倉林さんの上長にあたるアメリカ本社の上級副社長へのプレゼンが必要でした。「テレカンでもかまわないよ」と言われましたが、私はそれでは説得できる自信がなかったので、直接現地に赴いてプレゼンすることにしました。

ちょうどその頃、サンフランシスコでセールスフォース・ドットコムの年次イベント「Dreamforce」が開催される予定がありました。実は、投資の話が進めば本社に行くことになると予測していた私は、すでにそのイベントのツアーに申し込んでいたのです。相手先には、イベントに参加するので、そのタイミングで直接プレゼンをすると伝えて了承されました。

海外では、勤怠管理はほとんど使われていません。ですから勤怠管理の市場動向などを事細かに説明するのは無理だと判断しました。そこで当日のプレゼンでは、理屈でせめるのではなく、まずは数百社の導入実績があること、日本でSaaSでのサービスを提供できる数少ない企業であることを中心に訴えました。

プレゼンの資料は、プロダクトのコンセプト、サービス内容、日本市場、今後の展望などをシンプルにまとめ、倉林さんに手伝ってもらい英訳したものを用意しました。私は英語を話せないので、もとから日本語でプレゼンするつもりでした。投影した資料を指さしながら本人の目を見て訴えました。実際には倉林さんが通訳で助けてくれたのですが、自分としては言語の壁をも超える熱意で伝えたと考えています。

その結果、2011年11月末にシリーズAの約9000万円の投資を受けることができたのです。なお、このときの投資の条件がモバイル対応でした。投資が決まってからはすぐにモバイル開発に取り組み、２０１２年４月にモバイル対応した働き方改革プラットフォーム「ＴｅａｍＳｐｉｒｉｔ」のサービス提供を正式に開始、２０１２年９月に社名もチームスピリットに変更しました。

## 日本企業からの厳しい要件に対応して品質アップ

２０１２年の正式版のリリース、さらにその後の機能面の改善で大きく貢献していただいた会社が二社あります。一社は京都にある有名な製造業、もう一社は日本総研です。

京都にある有名な製造業の会社は、２０１０年夏頃に「アッと@勤務」に関するお問合せをされて、「ＴｅａｍＳｐｉｒｉｔ」の導入を検討していただきました。グループの従業員は10万人にも届くという大規模な商談ですから、フィットギャップの段階から先方の機能追加の要望を受け入れ、大きな企業特有の複雑な要件に対応できるように改善し、２０１２年4月のバージョンに組み込みました。ところが、結局その会社の導入は見送られてしまいました。しかし、この会社の要望をもとにここで多くの機能を組み込んだことが、他の企業での導入につながりました。

日本総研は、まだＴｅａｍＳｐｉｒｉｔのコンセプトを発表したばかりの２０１０年末に展示会に出展したとき、当時のシステム部長がそのプロトタイプを見て、ビデオに録画するほどまでに関心を寄せてくれました。コンサルティング会社である日本総研にとって原価管理は非常に重要で、その時点では自社開発したツールを使っており、当然ながら自社開発の道も探っていたそうです。２０１２年版のシステムでは、前述の京都の会社の要件も入って機能が向上していましたが、それでも正式に導入するにはまだ足りないと言われ、そこからは日本総研の要件に対応することになりました。フレックスタイムや多様な休暇管理、組織によって異なる有休管理方法、出向者や異動者の管理など複雑な要件に対応することになり、２０１２年の年末からは徹夜の開発が続きました。

しかし、この段階ではバグが多発してしまい、品質管理がなっていないと指導されました。大手企業は受け入れテストがあるので、それをクリアできないと導入に至らないのです。こうしたやり取りを通して、機能、品質ともに大きく向上することになりました。あの時期に根気よくお付き合いいただいたことは感謝してもしきれません。その結果、２０１３年にシステムが正式導入され、この実績はチームスピリットにとってのエポックメイキングになりました。それまでは、売れているといっても、中小企業が中心で、１社当たりのユーザー数は多くても５５０人くらいでした。ユーザー規模２５００人の日本総研に採用いただいたことが大きな弾みとなり、また同年秋のイベントで事例講演をしていただいたこともあり、大きな企業の採用も一気に増加しました。

２０１２年11月にはシリーズＢで約１億２０００万円の資金調達をすることになります。その前に調達した９０００万円はすっかりなくなっていました。このときの調達先候補には、生命保険、銀行系のＶＣがありました。通常、銀行、生保系のＶＣは手堅く投資するので、レイターステージでの投資となります。その前のアーリーステージのタイミングで投資するのは珍しく、その決定の一助になったのが日本総研のリファレンスでした。まだ正式導入前でしたが「ＴｅａｍＳｐｉｒｉｔのようなプロダクトがこれからは必要である」と主張していただいたのです。

シリーズＢの着金予定は２０１２年11月末。その直後の12月６日に開催されるセールスフォース・ドットコムの日本での年次イベント「クラウドフォース」に、最も上位のプラチナスポンサーとして出展することを決めました。このとき、直前の年間売上は約２５００万円、イベントの出展費用は１０００万円以上ですから大きな賭けです。しかもイベントに申し込んだ時点で手持ちの現金はありません。ビジネスにタイミングはとても重要なファクターです。ファイナンスを必ず成功させる覚悟とセットでイベントに申し込みました。

２０１２年は東日本大震災の影響を受けて日本中がまだ不景気だったこともあり、スポンサーの出展を控える企業が多い中、あえてトップスポンサーとなりました。そのときの他のプラチナスポンサーは、デロイト、日立などそうそうたる企業です。この並びにチームスピリットが入ったのですから「急にすごい会社が現れた」「聞いたことがないので外資系かな？」というイメージを参加者に与えることができました。

この頃はまだ、スタートアップ企業がセールスフォース・ドットコムのイベントのプラチナスポンサーとなることはほぼありませんでした。その年の9月に社名を変えたばかりで、今は認知度を上げるときだと踏んで、お金はなかったけれど、思い切ってブランディングに投資をしたのです。結果その年度の売上は3・5倍になりました。

## 上場へ

以降は、新しい人材を獲得しながら、製品の機能を向上させていきました。セールスフォース・ドットコムの投資を受けた時点で上場することをめざしており、本格的に上場の準備を始めたのが２０１５年。その年に監査を受け、２０１６年から正式に取り組みました。

上場して株式公開するとき、株価の想定価格を決め、想定価格をもとに仮条件（ブックビルディングにおいて申し込める価格の範囲）が決められます。仮条件を決めるための、機関投資家に事業内容を説明するロードショーでは、ＩＴ系に強い証券会社のアナリストたちに説明をしましたが、海外のＳａａＳ／サブスクリプションビジネスの実情などを知る人がおらず、説得は困難を極めました。

まず、サブスクリプションによる収益モデルの強みが伝わりません。新聞などの定期購読しかサブスクリプションのイメージがない中では、クラウドでソフトウェアを提供して支払った期間だけ使えること、ユーザーは途中で利用を止められるが、解約されない限りは売上が続くこと、ユーザーを獲得できれば時間が経つほど売上が積まれていくこと、数年分の予測利益を前提としたシステム開発への投資ができ顧客価値に転換できることなどのメリットがなかなか伝わりません。

しかし、公開後は市場から高く評価されました。チームスピリットの上場以降、ＳａａＳ系サービスは、最初から高めの想定価格で公開されるようになりました。

上場には大きな効果がありました。決算が開示され市場から信用が得られるようになったことで、特に大手企業の顧客が増え、売上が順調に伸びています。そのお金を機能追加やカスタマーサクセスの活動に回せることで、さらに売上が上がるという好循環ができました。

スタートアップの経営は矛盾に満ちています。これからものをつくるところなのに実績を求められます。収入がなくても人を雇わなければ売上がつくれません。お客様の話をすべて聞いていては、すべてのお客様のための仕様はできません。お金がなくても認知度を上げるために大きなイベントに申し込まなければいけません。本当は苦しくても、笑顔でいなければ安心や信頼はつくれません、その責任を一人で背負うのが創業者です。それがゼロからイチをつくるということです。２００９年からの約10年間はとても貴重な体験をさせてもらったと思っています。

以上が筆者のチームスピリットという会社の設立から上場に至るまでのストーリーです。大きな目標も日々の失敗から学び、少しずつ進化することで達成できることを実感しました。逆に決まった事を変わらず続けることの怖さ、やらないことのリスクをつくづく感じました。そこから**「すべての人を、創造する人に。」**という私たちのミッションが生まれ、私たちの製品・サービスである「働き方改革ソリューションＴｅａｍＳｐｉｒｉｔ」につながりました。

過去の仕事を自ら壊して「ゼロからイチ」を創り出すことは、ＤＸによる大激変時代においてはスタートアップ企業だけでなく、すべての企業が取り組まなければいけないことであり、取り組まなければ生き残れないと思います。

もしかすると、それはリスクの高い不安なことと思うかもしれません、しかも日々困難は降ってきます、それでもそれと同じだけ、機会も降り注いでいるのです。同じ場所に立ち止まらないで動き続けること、それを感じてもらえればと思いチームスピリットの創業ストーリーをお伝えしました。

# おわりに

「昨日を捨て、すでに存在しているもの、知られているものを陳腐化しなければならない。明日を創造しなければならない」（ドラッカー『マネジメント［上］』）

「未来を予言する最善の方法は、自らそれをつくり出すことだ」（アラン・ケイ）

本書は、サブスクリプションシフトによって収益が安定しビジネスが強くなること、そしてビジネスが強くなることによって、創造的活動に注力できる好循環が生まれることを伝えてきました。最後に、本書の全章を通じて強調したかったことを、まとめてお伝えしたいと思います。

## 新しい価値をつくること

本書では、「生産性」や「創造性」について語ってきました。

「生産性」と「創造性」——この二つは、よくトレードオフの関係として語られます。

つまり、「生産性」を上げることは効率化の追求であり、効率化を追求することは「創造性」を奪うことだという議論がなされることがあるのです。しかし第3章で展開したように、生産性は、分母である労働時間（直接時間と間接時間の和）の効率化と、分子である「付加価値＝創造性」の発揮の比率です。それらは両方追求すべきであることを述べました。

「付加価値」という言葉で、大半の人は、すでにある「既存の価値」に何かを「付加」していくことを思い浮かべるのではないでしょうか？　そして既存の価値を分析し、そこに「欠けているもの」を足し算していくことを考えがちです。

iＰｈｏｎｅが登場したとき、すでに日本のガラケーは成熟しており、「日本にはiモードがあり、ブラウザもメールもゲームもあるので必要とされないだろう」と分析する専門家が多くいました。しかし、iＰｈｏｎｅの登場は、「新しい価値の創出」だったことは、その後の展開を見れば明らかです。

イノベーションは、既存の要素の「新結合」ともいわれます。しかしその結合は、既存の価値の単なる「総和」ではなく、新しい次元の価値を生み出すこと、つまり「ゼロからイチ」を生むことです。

私たちチームスピリットは、「勤怠管理」や「経費精算」を結合させたサービスを提供していますが、それはそのことで間接業務を圧縮し、効率化を図るという価値の総和だけを目的としたものではありません。

先の公式の「間接時間の圧縮」という「分母」よりも、「創造的活動と直接時間」を生み出す、デジタルのツールを活用して創造的に働く習慣をつけることが、製品・サービスのコンセプトであり新しい価値です。それが、デジタルトランスフォーメーションという大激変の時代を生き抜くための、真の働き方改革を実現することだと考えているのです。

ゼロからイチを生み出したりイノベーションを起こすなどと聞くと、急に思考が停止してしまい頭が真っ白になったり、自分には縁のないことと諦めてしまうかもしれません、しかし重要なのはどうやるかより、なぜやるかの方です。本当にやるべきことは何か、斧を研ぐ時間をつくって自分と対話することが必要です。自分の頭で考え本当にやりたいことだと確信できたら、それを絵画や写真のようにビジョンとして頭の中に描くことは簡単にできるはずです、後はそれをタスクに分解して一つずつ実行するだけです、それぞれのタスクをすべてを自分一人で行う必要はないし、自分一人だけで大きなことは実現できません。同じビジョンを共有できる、自分より優れたスキルを持つ仲間を集めてチームを作り、みんなに助けてもらいながら一歩ずつ進むことで構わないのです。

実はそんなに難しいことではありません、大切なことは、どんなことも実現できると自分に思い込ませることです。そのビジョンは突拍子もないことだと初めは人に理解されないかもしれません。やり方を間違えて恥ずかしい思いをするかもしれません。でもそれが正しいプロセスだと覚えておいてください。後で振り返ったときにそれぞれの出来事にはちゃんと意味があったのだときっと思えるはずです。

## 「直感」を信じる「勇気」を持つ

失われた30年を経て、日本は労働人口減少、他の先進国に比べての生産性の低さなど、さまざまな課題にみまわれています。こうした状況を打破するためには、これまでになかった新しいチャレンジが必要です。

しかし課題に気づいていても、解決するために動いている人はほとんどいません。多くの人は、過去のやり方を効率化する、過去の延長の将来像を考えるといったことはできても、過去とは異なる発想で新しい何かに取り組むことができないようです。理由として、アントレプレナーシップ（起業家精神）、柔軟なマインドセットを持つ人が少ないことがあるのではと思います。

それはなぜか。直感で動く人を、理論で止める人がいるからではないでしょうか。高齢者人口が増えていることもあってか、日本全体が保守的になっていて、常識を重んじる傾向があります。真の常識ならよいのですが、ただの先入観や一般通念を常識と勘違いしている人もいます。

デザインの世界で最初に教えられるのは、実体をありのままに見ることです。その練習として逆さまの石膏像や花束をデッサンしますが、実際やってみると、とても難しいことがわかります。それは多くの場合、物事を目で見ているのではなく頭で見ているために、先入観と異なる上下逆さまの像を、つまりありのままを目で見て描くことはとても難しいのです。

「前例がない」「市場がない」「単一サービスとの違いがわからない」これらは、TeamSpiritを企画した時に多くの人から言われた言葉です。「クラウドができる開発者がそろっているんだから、受託開発で売上をたてながらやったほうがいい」とも言われました。助言に素直に従い、サービスがあるのに受託開発を行って中途半端に終わってしまったスタートアップは少なくありません。

「直感」と「勇気」が必要というと、最近はあまり旗色がよくありません。「経験や勘ではなく、客観的なデータの分析によって意思決定すべき」ということが言われます。もちろんデータの蓄積によって価値が生まれることは、本書でも繰り返し述べてきました。しかし私はそのうえで、なお「直感」や「勇気」が必要と考えているのです。なぜなら、先に述べた「新しい価値の創造」のためには、従来からの「飛躍」が必要だからです。

TeamSpiritは、Salesforceを初めて見たときの衝撃と、勤怠管理、経費精算の事務処理の煩雑さを解決したいという思いから始まりました。つまり、創業者である筆者の直感を出発点としています。その直感を信じて、他の人から何を言われようとも、これ一本に注力、やるべきことを分解して一つずつ実現したことで、現在のTeamSpiritにたどり着きました。

新規事業を考える、それをビジネスとして成立させることは、とてもハードルが高く感じられるでしょう。実際、失敗するリスクのほうが高いのが現実です。しかし、これまでにはなかった新しいことを自分で考える、自分の可能性を信じてそれを実際に形にすることは、誰でも挑戦できるはずです。

成功している起業家のプロフィールを見ると、海外の大学の博士号を持っている、有名な企業の出身者であるなど、きらびやかな経歴が書かれていることが多いでしょう。けれども、学歴、経歴は成功のための必須条件ではありません。紹介したように筆者は大学に行っていませんし、プロレベルの開発やデザインなどのスキルを持っているともいえません。しかし、多くの失敗からアクティブに学ぶことで新次元のビジネスに挑戦することができました。

必要なのはスキルではなく行動です、この世の中にはまだ知られていないことの方がはるかに多いのです、そして世の中のことには決まった答えはありません。自分の直感を信じ勇気をもって行動する柔軟なマインドセットで創造的な活動にチャレンジしていただきたいと思います。

## SaaS／サブスクリプションの世界を広げたい

ＳａａＳ／サブスクリプション型のビジネスの強さについて、本書ではＰＬ／ＢＳの表れ方から、1年目は三角形、2年目以降は四角形という収益構造を説明しました。サブスクリプション型の収益構造は、受託開発のように売り切りではないので将来の収益予測が立てやすく、今日の受注が1年後、5年後の売上につながるので資金繰りに余裕ができます。

しかも、ＳａａＳ／サブスクリプションであれば、不動産物件のような部屋数による販売数の制限がありません。一つのサービスを10人に売ることも1万人に売ることもできる、スケーラビリティのあるビジネスモデルです。この収益構造の強さがあるから、安心して創造的な仕事に打ち込むことができます。

アーティストが芸術作品をつくり続けるにあたって、作品が世間に認められない、作品が売れないという壁に当たることがあります。こうした環境で、創造的なことを続けるのはとても大変です。しかしサブスクリプション型のビジネスの場合、小さなアイデアで直感的につくったものを、実際のお客様に使ってもらってフィードバックをもらうことができます。つまり創造的な挑戦がやりやすいのです。お客様は自分たちのビジネスを一緒に育ててくれる協力者、パトロン的な存在でもあるのです。

しかもこのフィードバックと改善のやり取りは、カスタマーサクセスのための活動でもあり、結果として利用継続率を高めることにつながり、寡占化が可能になります。受託開発やパッケージ販売では1年に一回程度しかできない改善が、SaaSなら毎月複数の改善ができ、それを使ってもらうことができるので、成長のスピードが著しいのです。SaaSにおいては、フィードバックを受けて即座に反映するようなアジャイル開発自体が、カスタマーサクセスに直結する創造的活動になります。

本書では、SaaS／サブスクリプションのビジネスについて、そのビジネスモデルを隠さず、すべてさらけ出しました。それは、このビジネスモデルを使って、読者の方にもチャレンジをしてほしいからです。最初は、売上が少なく見えて不安になるかもしれませんが、収益構造を理解していれば、安心して次の創造的な仕事に取りかかれるはずです。これにより、このビジネスモデルを使った創造する人の世界が広がってほしいという期待があります。

## SaaS／サブスクリプションは「明日を創っていくこと」

そして最後に、明日を創ること、長期的な視点に立つことが最も重要だということをお伝えしたいと思います。SaaSの収益構造の三角と四角の構造でも述べましたが、私たちの今日の営業やサポートの活動は、常に明日の売上をつくっています。それが積み重なり大きなLTVをつくっています。そのLTVは、BS上に表れないソフトウェア資産と対になっています。そのため今日の意思決定は常に明日をつくること、5年後、10年後からバックキャスティングで振り返って考えることが重要です。

チームスピリットも同様に、長期的な視点から振り返って新しいチャレンジをしていきます。今私たちはTeamSpiritというサービスを開発し、販売している会社だとみなされています。上場するまでは事実そうでした。しかし数年後、500億円、1000億円と大きく売上を成長させるためには、現在のTeamSpiritだけでは達成できません。

そこで、私たちはSaaS／サブスクリプション会社に進化したいと思っています。つまり、「サブスクリプションのビジネス工房」でありたいと考えているのです。

もちろん私たちが挑戦する分野は、「すべての人を創造する人に。」というミッションにマッチする分野です。すでに、TeamSpiritの導入企業は1200社を超えて、利用しているユーザーライセンス数は20万人以上となっています。これだけのボリュームがあるので、たとえば導入企業向けの福利厚生を提供するサービス、保険を紹介するサービスなども考えられますし、タレントマネジメントと連動したアサイン管理の仕組みなど、従業員とのタッチポイントを活かしたサービスを提供する可能性もあります。

このとき、新しいサービスを追加するためにシステムを土台から設計し直さなくてもいいように、TeamSpirit WSPをリリースしました。これはレゴでつくった土台の上に、ブロックを加えるような形でサービスを提供できます。開発や導入サービス、営業などのメンバーも固定化せず、今いるメンバーと新たな人材を組み合わせることができます。

たとえるならアニメーションスタジオが、監督や物語が変わっても、そこにいるメンバーで別の作品をつくれるようなものです。サービスの設計も柔軟ですが、組織も柔軟に設計することで、SaaSスタジオのような形でサービスを横展開していくことができます。SaaSの世界のPixerのような存在になるというと、大げさかもしれませんが。

働いている人たちに感動を与えるサービスをつくりたいという思いをブレさせず、それによりお客様の企業で働く一人ひとりの創造性を高め、多くのお客様が企業として生産性が上げられるようになれば、世の中そのものがよい方向に変化していくことになります。これから来るデジタルトランスフォーメーションの時代に、育児をしながら、介護をしながら、さまざまな場所で、多様なタレントが一つのサービスとなって楽しく働いている、そんな理想の実現のために、ＳａａＳ／サブスクリプションのサービスを展開していきたいと思います。

ＳａａＳ／サブスクリプションこそ「明日を創る」ビジネスであり、「すべての人を創造する人に」することが出来るビジネスだと考えています。

# 謝辞

まず最後までお付き合いいただいた読者の方にお礼いたします、本書を購入いただいただけの価値をご提供できたとすれば、これにまさる喜びはありません。

サブスクリプションのビジネスは、利用者でなければ知り得ない貴重な日々のフィードバックにより形づくられます。お客様も知らず知らずのうちにものづくりの環の中に参加されています。そこから学んだ知見をもとにこの本が生まれました。その意味でチームスピリットのお客様のおかげで本書ができたといっても過言ではありません。お客様の協力に厚くお礼申し上げます。

本書で紹介したSaaS／サブスクリプションのビジネスモデルは私が発明したわけではありません。しかしそれを学ぶ参考書があるわけでもなく、実地で使えるように理解するために、多くの失敗を繰り返し、手探りで明らかにしてきました。本書はこのビジネスモデルをこれから取り組む人たちに、なるべく分かりやすく解説した教科書でもあります。そして数々の失敗の矢面に立っていたのは、多くの場合、私ではなく当社の社員です。社長の突進に文句を言いながらも、製品開発、ブランディング、マーケティング、セールス、導入サポート、カスタマーサクセス、ビジネスオペレーションなど、挑戦の中から新しい方法を生み出してくれました。この本に実践的な要素があるとすればそれは当社メンバーの「チームスピリット」の賜といえます。

本書は私の著書ではあるものの、私が想いを語り、それをライターの深谷歩さんが拾い集め、文章をまとめていただいたことで完成できました。話を分かりやすく表現するだけでなく、深みと広がりを加えてくれたことで出版に耐える内容となりました。深谷さんの献身的な執筆に心から感謝しています。本書は当初「クリエイティブシフト」というタイトルで執筆する予定でした。その後紆余曲折を繰り返し、よくいえばセレンディピティに導かれながら、「サブスクリプションシフト」という内容にたどり着きましたが、その間1年半も熱意を失わず、つきあっていただいた翔泳社の京部さんには感謝してもしきれません。私と同世代で、昔のＩＴの話で時に脱線するなど楽しい時間を過ごせたことにも感謝しています。

このストーリーを書いていて改めて思い返したのは、独立してからの20数年間のことです。その期間、仕事ではひとときも心休まる時はありませんでした。毎日夜遅く帰り、愚痴をこぼしてただ寝るだけの、どうしようもない夫を励まし支えてくれた妻と子供たちに心からの感謝を捧げます。

２０１９年11月吉日

株式会社チームスピリット 創業者　荻島 浩司

## 本書内容に関するお問い合わせについて

このたびは翔泳社の書籍をお買い上げいただき、誠にありがとうございます。弊社では、読者の皆様からのお問い合わせに適切に対応させていただくため、以下のガイドラインへのご協力をお願い致しております。下記項目をお読みいただき、手順に従ってお問い合わせください。

**●ご質問される前に**

弊社Webサイトの「正誤表」をご参照ください。これまでに判明した正誤や追加情報を掲載しています。

正誤表　https://www.shoeisha.co.jp/book/errata/

**●ご質問方法**

弊社Webサイトの「書籍に関するお問い合わせ」をご利用ください。

刊行物Q&A　https://www.shoeisha.co.jp/book/qa/

インターネットをご利用でない場合は、FAXまたは郵便にて、下記"翔泳社 愛読者サービスセンター"までお問い合わせください。
電話でのご質問は、お受けしておりません。

**●回答について**

回答は、ご質問いただいた手段によってご返事申し上げます。ご質問の内容によっては、回答に数日ないしはそれ以上の期間を要する場合があります。

**●ご質問に際してのご注意**

本書の対象を越えるもの、記述個所を特定されないもの、また読者固有の環境に起因するご質問等にはお答えできませんので、予めご了承ください。

**●郵便物送付先およびFAX番号**

送付先住所 〒160-0006　東京都新宿区舟町5
FAX番号 03-5362-3818
宛先（株）翔泳社 愛読者サービスセンター

※本書に記載されたURL等は予告なく変更される場合があります。
※本書の出版にあたっては正確な記述につとめましたが、著者や出版社などのいずれも、本書の内容に対してなんらかの保証をするものではなく、内容やサンプルに基づくいかなる運用結果に関してもいっさいの責任を負いません。
※本書に掲載されているサンプルプログラムやスクリプト、および実行結果を記した画面イメージなどは、特定の設定に基づいた環境にて再現される一例です。
※本書に記載されている会社名、製品名はそれぞれ各社の商標および登録商標です。

【著者紹介】
**荻島 浩司**（おぎしま　こうじ）
1960年生まれ。埼玉県出身。株式会社チームスピリット創業者。1982年デザインの専門学校を卒業後、デザイン事務所に就職。翌年プログラマーとしてソフトハウスに転職。ファイリングシステムの企画・営業から、取締役事業部長としてネットワークソリューションの事業部を統括。96年チームスピリットの前身となる、有限会社デジタルコーストを設立。代表者となる。インディペンデント・コントラクターとして株式会社東芝および東芝ソリューション株式会社で銀行向けの債権書類（融資契約書）管理システムや、オペレーショナル・リスク管理システムのプロデュースおよびコンサルティングに従事。2009年頃から、自社のビジネスを受託型からクラウドサービス型へ転換を図り、2010年5月クラウドで勤怠管理にSNSを組み合わせたサービス（アッと＠勤務 Free）を開発し、無料提供開始。2011年 3月さらに経費精算と工数管理を合体させたTeamSpiritのプロトタイプを開発。同年 10月 株式会社セールスフォース・ドットコムと資本提携し、2012年 4月 TeamSpiritの正式サービスを開始。同年 9月社名を株式会社チームスピリットへ改称。2019年 8月現在で 1,200社以上、約20万人が利用中。2018年 8月、東証マザーズ市場に上場。

企画：京部 康男（翔泳社）
取材・構成：深谷 歩（株式会社 深谷歩事務所）
デザイン・組版：Little Wing

サブスクリプションシフト
DX《ディーエックス》時代の最強のビジネス戦略

---

2020年 1月14日　初版第 1 刷発行
著　　者　荻島《おぎしま》 浩司《こうじ》
発 行 人　佐々木 幹夫
発 行 所　株式会社翔泳社（https://www.shoeisha.co.jp）
印刷・製本　大日本印刷株式会社

本書へのお問い合わせについては、249ページに記載の内容をお読みください。
乱丁・落丁はお取り替えいたします。03-5362-3705 までご連絡ください。

ISBN978-4-7981-6266-9　　Printed in Japan